は　じ　め　に

技能検定は、労働者の有する技能を一定の基準によって検定し、これを公証する国家検定制度であり、技能に対する社会一般の評価を高め、働く人々の技能と地位の向上を図ることを目的として、職業能力開発促進法に基づいて 1959 年（昭和 34 年）から実施されています。

当研究会では、1975 年（昭和 50 年）から技能検定試験受検者の学習に資するため、過去に出題された学科試験問題（1・2級）に解説を付して、「学科試験問題解説集」を発行しております。

このたびさらに、平成 30・令和元・２年度に出題された学科試験問題、ならびに令和２年度の実技試験問題（計画立案等作業試験は平成 30・令和元・２年度を収録）を「技能検定試験問題集（正解表付き）」として発行することになりました。

本問題集が１級・２級の技能士を目指して技能検定試験を受検される多くの方々にご利用いただき、大きな成果が上がることを祈念いたします。

令和３年８月

一般社団法人 雇用問題研究会

目　　次

技能検定の概要

1　技能検定試験の等級区分

技能検定試験は合格に必要な技能の程度を等級ごとに次のとおりに区分しています。

特　　級：検定職種ごとの管理者又は監督者が通常有すべき技能及びこれに関する知識の程度

１　　級：検定職種ごとの上級の技能労働者が通常有すべき技能及びこれに関する知識の程度

２　　級：検定職種ごとの中級の技能労働者が通常有すべき技能及びこれに関する知識の程度

３　　級：検定職種ごとの初級の技能労働者が通常有すべき技能及びこれに関する知識の程度

単一等級：検定職種ごとの上級の技能労働者が通常有すべき技能及びこれに関する知識の程度

※これらの他に外国人実習生等を対象とした基礎級があります。

2　検定試験の基準

技能検定は、実技試験及び学科試験によって行われています。

実技試験は、実際に作業などを行わせて、その技量の程度を検定する試験であり、学科試験は、技能の裏付けとなる知識について行う試験です。

実技試験及び学科試験は、検定職種の等級ごとに、それぞれの試験科目及びその範囲が職業能力開発促進法施行規則により、また、その具体的な細目が厚生労働省職業能力開発局長通達により定められています。

(1)　実技試験

実技試験は、実際に作業（物の製作、組立て、調整など）を行わせて試験する、製作等作業試験が中心となっており、検定職種の大部分のものについては、その課題が試験日に先立って公表されています。

試験時間は、１級、２級及び単一等級については原則として５時間以内、３級については３時間以内が標準となっています。

また、検定職種によっては、製作等作業試験の他、実際的な能力を試験するため、次のような判断等試験又は計画立案等作業試験が併用されることがあります。

① 判断等試験

判断等試験は、製作等作業試験のみでは技能評価が困難な場合又は検定職種の性格や試験実施技術等の事情により製作等作業試験の実施が困難な場合に用いられるもので、例えば技能者として体得していなければならない基本的な技能について、原材料、模型、写真などを受検者に提示し、判別、判断などを行わせ、その技能を評価する試験です。

② 計画立案等作業試験

製作等作業試験、判断等試験の一方又は双方でも技能評価が不足する場合に用いられるもので、現場における実際的、応用的な課題を、表、グラフ、文章などにより設問したものを受検者に提示し、計算、計画立案、予測などを行わせることにより技能の程度を評価する試験です。

(2) 学科試験

学科試験は、単に学問的な知識を試験するものではなく、作業の遂行に必要な正しい判断力及び知識の有無を判定することに主眼がおかれています。また、それぞれの等級における試験の概要は次表のとおりです。

この中で、真偽法は一つの問題文の正誤を回答する形式であり、五肢択一法及び四肢択一法は一つの問題文について複数の選択肢の中から一つを選択して回答する形式です。

■学科試験の概要

等級区分	試験の形式	問題数	試験時間
特　級	五肢択一法	50 題	2 時間
1　級	真偽法及び四肢択一法	50 題	1 時間 40 分
2　級	真偽法及び四肢択一法	50 題	1 時間 40 分
3　級	真偽法	30 題	1 時間
単一等級	真偽法及び四肢択一法	50 題	1 時間 40 分

3　技能検定の受検資格

技能検定を受検するには、原則として検定職種に関する実務の経験が必要で、その年数は職業訓練歴、学歴等により異なっています（別表 1 参照）。

この実務の経験の範囲には、現場での作業のみならず管理、監督、訓練、教育及び研究の業務や訓練又は教育を受けた期間が含まれます。

４　試験の実施日程

技能検定試験は職種ごとに前期、後期に分かれていますが、日程の概要は次のとおりです。

項	前　期	後　期
受付期間	４月上旬～中旬	10月上旬～中旬
実技試験	６月上旬～９月上旬	12月上旬～翌年２月中旬
学科試験	８月下旬～９月上旬の日曜日 ３級は７月中旬～下旬の日曜日	翌年１月下旬～２月上旬の日曜日
合格発表	10月上旬、３級は８月下旬	翌年３月中旬

※日程の詳細については都道府県職業能力開発協会（連絡先等は別表２参照）にお問い合わせ下さい。

５　技能検定の実施体制

技能検定は厚生労働大臣が定めた、実施計画に基づいて行うものですが、その実施業務は、厚生労働大臣、都道府県知事、中央職業能力開発協会、都道府県職業能力開発協会等の間で分担されており、受検の受付及び試験の実施については、都道府県職業能力開発協会が行っています。

６　技能検定試験受検手数料

技能検定試験の受検手数料は「実技試験：18,200円」及び「学科試験：3,100円」を標準額として、職種ごとに各都道府県で決定しています（令和３年４月１日現在、都道府県知事が実施する111職種）。

なお、35歳未満の方は、２級又は３級の実技試験の受検手数料が最大9,000円減額されます。詳しくは都道府県職業能力開発協会にお問い合わせ下さい。

７　技能検定の合格者

技能検定の合格者には、厚生労働大臣名（特級、１級、単一等級）又は都道府県知事名等（２級、３級）の合格証明が交付され、技能士と称することができます。

別表1

技能検定の受検に必要な実務経験年数一覧

（都道府県知事が実施する検定職種）

（単位：年）

<table>
<tr><th rowspan="2" colspan="2">受　検　対　象　者
（※1）</th><th>特級</th><th colspan="3">1　　級</th><th colspan="2">2　　級</th><th rowspan="2">3
級
（※7）</th><th rowspan="2">基礎級
（※7）</th><th rowspan="2">単一等級</th></tr>
<tr><th>1　級
合格後</th><th></th><th>2　級
合格後</th><th>3　級
合格後</th><th></th><th>3　級
合格後</th></tr>
<tr><td colspan="2">実務経験のみ</td><td rowspan="15">5</td><td>7</td><td rowspan="10">2</td><td rowspan="10">4</td><td>2</td><td rowspan="13">0</td><td>0 ※8</td><td>0 ※8</td><td>3</td></tr>
<tr><td colspan="2">専門高校卒業　※2
専修学校（大学入学資格付与課程に限る）卒業</td><td>6</td><td>0</td><td>0</td><td>0</td><td>1</td></tr>
<tr><td colspan="2">短大・高専・高校専攻科卒業　※2
専門職大学前期課程修了
専修学校（大学編入資格付与課程に限る）卒業</td><td>5</td><td>0</td><td>0</td><td>0</td><td>0</td></tr>
<tr><td colspan="2">大学卒業（専門職大学前期課程修了者を除く）　※2
専修学校（大学院入学資格付与課程に限る）卒業</td><td>4</td><td>0</td><td>0</td><td>0</td><td>0</td></tr>
<tr><td rowspan="3">専修学校　※3
又は各種学校卒業
（厚生労働大臣が指定したものに限る。）</td><td>800時間以上</td><td>6</td><td>0</td><td>0 ※9</td><td>0 ※9</td><td>1</td></tr>
<tr><td>1600時間以上</td><td>5</td><td>0</td><td>0 ※9</td><td>0 ※9</td><td>1</td></tr>
<tr><td>3200時間以上</td><td>4</td><td>0</td><td>0 ※9</td><td>0 ※9</td><td>0</td></tr>
<tr><td>短期課程の普通職業訓練修了 ※4 ※10</td><td>700時間以上</td><td>6</td><td>0</td><td>0 ※6</td><td>0 ※6</td><td>1</td></tr>
<tr><td rowspan="2">普通課程の普通職業訓練修了 ※4 ※10</td><td>2800時間未満</td><td>5</td><td>0</td><td>0</td><td>0</td><td>1</td></tr>
<tr><td>2800時間以上</td><td>4</td><td>0</td><td>0</td><td>0</td><td>0</td></tr>
<tr><td colspan="2">専門課程又は特定専門課程の高度職業訓練修了 ※4 ※10</td><td>3</td><td>1</td><td>2</td><td>0</td><td>0</td><td>0</td><td>0</td></tr>
<tr><td colspan="2">応用課程又は特定応用課程の高度職業訓練修了 ※10</td><td colspan="3">1</td><td>0</td><td>0</td><td>0</td><td>0</td></tr>
<tr><td colspan="2">長期課程又は短期養成課程の指導員訓練修了 ※10</td><td colspan="3">1 ※5</td><td>0 ※5</td><td>0</td><td>0</td><td>0</td></tr>
<tr><td colspan="2">職業訓練指導員免許取得</td><td colspan="3">1</td><td>—</td><td>—</td><td>—</td><td>—</td><td>0</td></tr>
<tr><td colspan="2">長期養成課程の指導員訓練修了 ※10</td><td colspan="3">0</td><td>0</td><td>0</td><td>0</td><td>0</td><td>0</td></tr>
</table>

※ 1：検定職種に関する学科、訓練科又は免許職種に限る。

※ 2：学校教育法による大学、短期大学又は高等学校と同等以上と認められる外国の学校又は他法令学校を卒業した者並びに独立行政法人大学改革支援・学位授与機構により学士の学位を授与された者は学校教育法に基づくそれぞれのものに準ずる。

※ 3：大学入学資格付与課程、大学編入資格付与課程及び大学院入学資格付与課程の専修学校を除く。

※ 4：職業訓練法の一部を改正する法律（昭和53年法律第40号）の施行前に、改正前の職業訓練法に基づく高等訓練課程又は特別高等訓練課程の養成訓練を修了した者は、それぞれ改正後の職業能力開発促進法に基づく普通課程の普通職業訓練又は専門課程の高度職業訓練を修了したものとみなす。また、職業能力開発促進法の一部を改正する法律（平成4年法律第67号）の施行前に、改正前の職業能力開発促進法に基づく専門課程の養成訓練を修了した者は、専門課程の高度職業訓練を修了したものとみなし、改正前の職業能力開発促進法に基づく普通課程の養成訓練又は職業転換課程の能力再開発訓練（いずれも800時間以上のものに限る。）を修了した者はそれぞれ改正後の職業能力開発促進法に基づく普通課程又は短期課程の普通職業訓練を修了したものとみなす。

※ 5：短期養成課程の指導員訓練のうち、実務経験者訓練技法習得コースの修了者については、訓練修了後に行われる能力審査（職業訓練指導員試験に合格した者と同等以上の能力を有すると職業能力開発総合大学校の長が認める審査）に合格しているものに限る。

※ 6：総訓練時間が700時間未満のものを含む。

※ 7：3級及び基礎級の技能検定については、上記のほか、検定職種に関する学科に在学する者及び検定職種に関する訓練科において職業訓練を受けている者も受検できる。また、3級の技能検定については工業高等学校に在学する者等であって、かつ、工業高等学校の教員等による検定職種に係る講習を受講し、当該講習の責任者から技能検定試験受検に際して安全衛生上の問題等がないと判定されたものも受検できる。

※ 8：検定職種に関し実務の経験を有する者について、受検資格を認めることとする。

※ 9：当該学校が厚生労働大臣の指定を受けたものであるか否かに関わらず、受検資格を付与する。

※ 10：職業能力開発促進法第92条に規定する職業訓練又は指導員訓練に準ずる訓練の修了者においても、修了した職業訓練又は指導員訓練の訓練課程に応じ、受検資格を付与する。

別表２　　**都道府県及び中央職業能力開発協会所在地一覧**

（令和３年４月現在）

協　会　名	郵便番号	所　在　地	電話番号
北海道職業能力開発協会	003-0005	札幌市白石区東札幌５条1-1-2　北海道立職業能力開発支援センター内	011-825-2386
青森県職業能力開発協会	030-0122	青森市大字野尻字今田43-1　青森県立青森高等技術専門校内	017-738-5561
岩手県職業能力開発協会	028-3615	紫波郡矢巾町大字南矢幅10-3-1　岩手県立産業技術短期大学校内	019-613-4620
宮城県職業能力開発協会	981-0916	仙台市青葉区青葉町16-1	022-271-9917
秋田県職業能力開発協会	010-1601	秋田市向浜1-2-1　秋田県職業訓練センター内	018-862-3510
山形県職業能力開発協会	990-2473	山形市松栄2-2-1	023-644-8562
福島県職業能力開発協会	960-8043	福島市中町8-2　福島県自治会館５階	024-525-8681
茨城県職業能力開発協会	310-0005	水戸市水府町864-4　茨城県職業人材育成センター内	029-221-8647
栃木県職業能力開発協会	320-0032	宇都宮市昭和1-3-10　栃木県庁舎西別館	028-643-7002
群馬県職業能力開発協会	372-0801	伊勢崎市宮子町1211-1	0270-23-7761
埼玉県職業能力開発協会	330-0074	さいたま市浦和区北浦和5-6-5　埼玉県浦和合同庁舎５階	048-829-2802
千葉県職業能力開発協会	261-0026	千葉市美浜区幕張西4-1-10	043-296-1150
東京都職業能力開発協会	101-8527	千代田区内神田1-1-5　東京都産業労働局神田庁舎５階	03-6631-6052
神奈川県職業能力開発協会	231-0026	横浜市中区寿町1-4　かながわ労働プラザ６階	045-633-5419
新潟県職業能力開発協会	950-0965	新潟市中央区新光町15-2　新潟県公社総合ビル４階	025-283-2155
富山県職業能力開発協会	930-0094	富山市安住町7-18　安住町第一生命ビル２階	076-432-9887
石川県職業能力開発協会	920-0862	金沢市芳斉1-15-15　石川県職業能力開発プラザ３階	076-262-9020
福井県職業能力開発協会	910-0003	福井市松本3-16-10　福井県職員会館ビル４階	0776-27-6360
山梨県職業能力開発協会	400-0055	甲府市大津町2130-2	055-243-4916
長野県職業能力開発協会	380-0836	長野市大字南長野南県町688-2　長野県婦人会館３階	026-234-9050
岐阜県職業能力開発協会	509-0109	各務原市テクノプラザ1-18　岐阜県人材開発支援センター内	058-260-8686
静岡県職業能力開発協会	424-0881	静岡市清水区楠160	054-345-9377
愛知県職業能力開発協会	451-0035	名古屋市西区浅間2-3-14　愛知県職業訓練会館内	052-524-2034
三重県職業能力開発協会	514-0004	津市栄町1-954　三重県栄町庁舎４階	059-228-2732
滋賀県職業能力開発協会	520-0865	大津市南郷5-2-14	077-533-0850
京都府職業能力開発協会	612-8416	京都市伏見区竹田流池町121-3　京都府立京都高等技術専門校内	075-642-5075
大阪府職業能力開発協会	550-0011	大阪市西区阿波座2-1-1　大阪本町西第一ビルディング６階	06-6534-7510
兵庫県職業能力開発協会	650-0011	神戸市中央区下山手通6-3-30　兵庫勤労福祉センター１階	078-371-2091
奈良県職業能力開発協会	630-8213	奈良市登大路町38-1　奈良県中小企業会館２階	0742-24-4127
和歌山県職業能力開発協会	640-8272	和歌山市砂山南3-3-38　和歌山技能センター内	073-425-4555
鳥取県職業能力開発協会	680-0845	鳥取市富安2-159　久本ビル５階	0857-22-3494
島根県職業能力開発協会	690-0048	松江市西嫁島1-4-5　SPビル２階	0852-23-1755
岡山県職業能力開発協会	700-0824	岡山市北区内山下2-3-10　アマノビル３階	086-225-1547
広島県職業能力開発協会	730-0052	広島市中区千田町3-7-47　広島県情報プラザ５階	082-245-4020
山口県職業能力開発協会	753-0051	山口市旭通り2-9-19　山口建設ビル３階	083-922-8646
徳島県職業能力開発協会	770-8006	徳島市新浜町1-1-7	088-663-2316
香川県職業能力開発協会	761-8031	高松市郷東町587-1　地域職業訓練センター内	087-882-2854
愛媛県職業能力開発協会	791-1101	松山市久米窪田町487-2　愛媛県産業技術研究所　管理棟２階	089-993-7301
高知県職業能力開発協会	781-5101	高知市布師田3992-4	088-846-2300
福岡県職業能力開発協会	813-0044	福岡市東区千早5-3-1　福岡人材開発センター２階	092-671-1238
佐賀県職業能力開発協会	840-0814	佐賀市成章町1-15	0952-24-6408
長崎県職業能力開発協会	851-2127	西彼杵郡長与町高田郷547-21	095-894-9971
熊本県職業能力開発協会	861-2202	上益城郡益城町田原2081-10　電子応用機械技術研究所内	096-285-5818
大分県職業能力開発協会	870-1141	大分市大字下宗方字古川1035-1	097-542-3651
宮崎県職業能力開発協会	889-2155	宮崎市学園木花台西2-4-3	0985-58-1570
鹿児島県職業能力開発協会	892-0836	鹿児島市錦江町9-14	099-226-3240
沖縄県職業能力開発協会	900-0036	那覇市西3-14-1	098-862-4278
中央職業能力開発協会	160-8327	新宿区西新宿7-5-25　西新宿プライムスクエア11階	03-6758-2859

機械検査

実技試験問題

令和２年度技能検定

２級　機械検査(機械検査作業)

実技試験(製作等作業試験)問題

次に示す試験時間及び注意事項に従って、〔作業 1〕、〔作業 2〕、〔作業 3〕及び〔作業 4〕を行いなさい。

1. 試験時間

	試験時間
〔作業 1〕　寸法測定	11 分
〔作業 2〕　歯車のまたぎ歯厚測定	5 分
〔作業 3〕　三針法によるねじプラグゲージの有効径測定	3 分
〔作業 4〕　外側マイクロメータの指示誤差(器差)測定	6 分

2. 注意事項

(1) 解答用紙は、試験当日、試験場で配付される。

(2) 作業の実施順序については、試験当日、試験場で技能検定委員から指示がある。

(3) 使用工具等は、「使用工具等一覧表」で指定したもの以外は使用しないこと。また、試験中に工具等の貸し借りはしないこと。

(4) 試験当日配付される解答用紙には、4 枚とも受検番号及び氏名を必ず記入すること。ただし、※印欄には何も記入しないこと。

(5) 試験当日配付される解答用紙の「部品番号」の欄は、技能検定委員の指示に従い記入すること。

(6) 試験当日配付される解答用紙は、各作業ごとに解答記入後、技能検定委員に提出すること。

(7) シリンダゲージを除いて、測定器類については、0 点調整が行ってあるので、0 点調整は行わないこと。ただし、0 点確認又はブロックゲージによる確認は行うこと。もし 0 点に狂いがある場合には、測定値を補正した解答を記入すること。

(8) 計算が必要な場合は、「解答用紙」の余白又は裏面を使うこと。

(9) 各作業が終了したら、その都度、技能検定委員に終了の合図をすること。

(10) 試験時間終了の合図があったら、直ちに作業をやめること。

(11) 各作業が終了したら、技能検定委員の指示に従い、試験用材料(部品等)、測定器具、測定補助具等を元の状態に整頓すること。

(12) 課題ごとに決められた時間中に、他の課題の解答を記入しないこと。なお、こうした行為を行った事が認められた場合は、失格となる。

(13) 測定器、試験用材料(部品等)、測定補助具等の油及びゴミを拭き取る場合は、原則として、下記によること。

・セーム皮・・・・測定器(0～25 mm の外側マイクロメータの測定面は紙でも可)、ブロックゲージ、リングゲージ及び三針の清拭用

・ウエス・・・・・部品及び定盤の清拭用

・ハケ・・・・・・歯車の歯面及びねじプラグゲージのねじ部の清拭用

・紙・・・・・・・0～25 mm の外側マイクロメータの測定面の清拭用(セーム皮でも可)

(14) 作業時の服装等は、作業に支障のないものであること。

(15) **この問題には、事前に書き込みをしないこと。また、試験中に他の用紙にメモをしたものや参考書等を参照することは禁止とする。**

(16) 試験中は、携帯電話、スマートフォン、ウェアラブル端末等の使用(電卓機能の使用を含む)を禁止とする。

3. 試験課題

〔作業 1〕寸法測定

次の〔指示事項〕に従い、各測定器を用いて、下図のような部品の指示された測定箇所 21 箇所を測定しなさい。

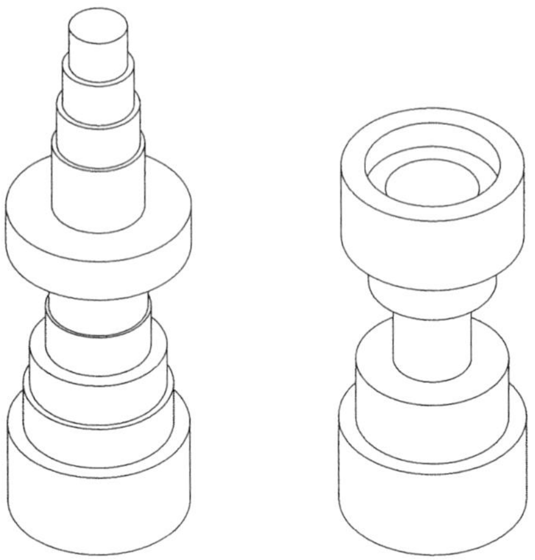

〔指示事項〕

(1) 試験場に準備してある説明図には、部品の測定箇所及び測定器が明示されている。

(2) 解答は、説明図に示した測定箇所の番号と同じ番号が記入してある解答欄に記入すること。

(3) 部品の測定箇所に測定器を当てる位置(方向)が明示してある。

(4) 上図に示した部品測定箇所の数は、下表のとおりである。

使用する測定器	測定箇所数
外側マイクロメータ	10
ノギス	5
ハイトゲージ	5
シリンダゲージ	1

(5) 解答は、実際寸法(絶対寸法)で記入すること。

(6) 解答は、測定器の種類により、ミリメートル単位で次の数値まで求めること。

イ 外側マイクロメータ及びシリンダゲージを使用する測定箇所については、小数第 3 位まで。

ロ ノギス及びハイトゲージを使用する測定箇所については、小数第 2 位まで。

(7) 解答は、直径記号(ϕ)及び単位(mm)を記入しなくてよい。

〔作業 2〕歯車のまたぎ歯厚測定

次の〔指示事項〕に従い、歯厚マイクロメータを用いて歯車を測定し、測定値から法線ピッチを求めなさい。

〔指示事項〕

(1) 法線ピッチは、下図に示すような連続した 6 枚の歯の 3 枚またぎ歯厚と 4 枚またぎ歯厚を測定し、測定値から相隣る歯間の 5 箇所について求めること。

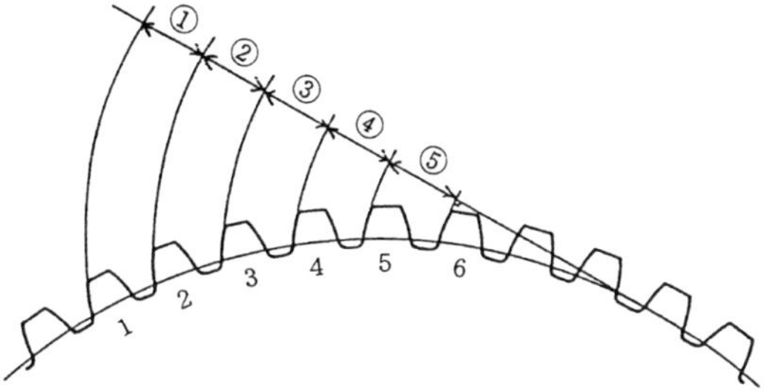

(2) 歯車の測定位置は、部品及び説明図に指定した箇所によること。

(3) 解答は、説明図に示した測定箇所番号により、解答欄に記入すること。

(4) 法線ピッチの値は、実際寸法(絶対寸法)により求めること。

(5) 法線ピッチの値は、ミリメートル単位で、小数第 3 位まで求めること。

(6) 測定は、歯車を支持台に支持させた状態で行うこと。

〔作業 3〕三針法によるねじプラグゲージの有効径測定

次の〔指示事項〕に従い、三針及び外側マイクロメータを用いて、ねじプラグゲージのねじ部を測定し、下記の計算式により、ねじ部の有効径(E)を求めなさい。

〔指示事項〕

(1) 下図のように、矢印で示した方のねじの有効径を測定すること。

(2) 有効径(E)を求める計算式は、次式によること。

$$E\,(\mathrm{mm}) = M\,(\mathrm{mm}) - A\,(\mathrm{mm})$$

ただし、E は有効径、M は針の外側距離の測定値、A は試験場に示す数値とする。

(3) 三針の測定方法は三針懸垂方式で、ねじプラグゲージをマイクロメータスタンドに固定した状態で行うこと。

(4) 外側マイクロメータは、準備してあるブロックゲージ(寸法を明示してある。)により確認すること。

(5) 針の外側距離の測定値(M)は、実際寸法(絶対寸法)で、ミリメートル単位により小数第 3 位まで求めること。

(6) 有効径の計算値(E)は、ミリメートル単位で、小数第 3 位まで求めること。

〔作業 4〕外側マイクロメータの指示誤差(器差)測定

次の〔指示事項〕に従い、外側マイクロメータの指示誤差(器差)を測定しなさい。

〔指示事項〕

(1) 指示誤差(器差)測定位置は、外側マイクロメータの記入目盛数字 5, 10, 15, 20 及び 25 のところの 5 箇所とし、各々の外側マイクロメータの読みから、ブロックゲージの値を差し引いて求め、記入すること。

(2) 測定値は、0.001, 0.002 のように 0.001 ミリメートル単位で記入し、＋、－の符号のうち、該当する方を○で囲むこと。

なお、測定値が±0.000 の場合は、＋、－の符号に○印を付けずに 0.000 又は 0 のいずれかを記入すること。

(3) 測定は、外側マイクロメータが、マイクロメータスタンドに固定された状態で行うこと。

(4) ブロックゲージを扱う手には、手袋を必ずつけること。

2級機械検査(機械検査作業)実技試験(製作等作業試験)使用工具等一覧表

1. 受検者が持参するもの

品名	寸法又は規格	数量	備考
筆記用具		一式	
電子式卓上計算機	電池式(太陽電池式含む)	1	関数電卓可(ただし、プログラム機能付きのものは不可)
作業服等		一式	
手袋	測定に適したもの	1組	油汚れ等があるものや、測定対象物や機器に影響を及ぼすもの等は不可

※ 手袋は、作業 4 以外でも適宜使用してもよい。持参した手袋が検定委員により不可と判断された場合は、会場に準備されている手袋を使用すること。

2. 試験場に準備されているもの

数量欄の数字は、特にことわりのない限り、一試験場当たりの数量を示すものであるが、一試験場において、数グループを並行して試験を行う場合には、数量はそのグループ数が準備されている。

区分	品名	寸法又は規格	数量	備考
寸法測定	試験用材料(部品)		一式	
	外側マイクロメータ	目量0.01 mm　0～25 mm	1	JIS B 7502の最大許容誤差の範囲内のもの
	外側マイクロメータ	目量0.01 mm　25～50 mm	1	〃
	ノギス(デプス付き)	最小読取値 0.05 mm(1/20)	1	JIS B 7507の最大許容誤差の範囲内のもの
	ハイトゲージ	最小読取値 0.02 mm(1/50)	1	JIS B 7517の最大許容誤差の範囲内のもの
	シリンダゲージ	JIS A級、指示器は目量0.01 mmのダイヤルゲージ	1	JIS B 7515相当品
	基準棒又はブロックゲージ	25 mm(ブロックゲージにおいては、JIS1級以上)	いずれか1	外側マイクロメータ点検用
	リングゲージ又はブロックゲージと同ホルダ(ジョウ2個付き)	ブロックゲージにおいてはJIS1級以上	いずれか1	シリンダゲージ及びノギス点検用
	精密定盤	JIS 1級以上	1	
	セーム皮	同等の類似品も可	1	測定器の清拭用
	紙		1	0～25 mmの外側マイクロメータの測定面の清拭用
	ウエス		1	部品及び定盤の清拭用
歯車のまたぎ歯厚測定	試験用材料(歯車)及び支持台		一式	
	歯厚マイクロメータ	目量0.01 mm　25～50 mm	1	最大測定長さ100 mm以下でJIS B 7502の最大許容誤差の範囲内のもの
	基準棒又はブロックゲージ	ブロックゲージにおいては、JIS 1級以上	いずれか1	歯厚マイクロメータ点検用
	セーム皮	同等の類似品も可	1	測定器の清拭用
	ハケ		1	歯面の清拭用

区分	品名	寸法又は規格	数量	備考
三針法によるねじプラグゲージの有効径測定	試験用材料(ねじプラグゲージ)及びマイクロメータスタンド		一式	
	ねじ測定用三針	測定するねじについての最適針のこと	一組	JIS B 0271のもの
	トースカン		1	ねじ測定用三針を懸垂させる
	外側マイクロメータ	目量0.01 mm　0〜25 mm	1	JIS B 7502の最大許容誤差の範囲内のもの
	ブロックゲージ	JIS1級以上	1	外側マイクロメータ点検用
	セーム皮	同等の類似品も可	1	三針及び測定器の清拭用
	紙		1	0〜25 mmの外側マイクロメータの測定面の清拭用
	ハケ		1	ねじ部の清拭用
マイクロメータの指示誤差(器差)測定	試験用材料(外側マイクロメータ)及びマイクロメータスタンド		一式	
	ブロックゲージ	呼び寸法5, 10, 15, 20, 25 JIS1級以上	各1	(予備手袋含む)
	セーム皮	同等の類似品も可	1	ブロックゲージ及び測定器の清拭用
	紙		1	0〜25 mmの外側マイクロメータの測定面の清拭用

(注)測定器は、デジタル式及びダイヤル式を除く。(シリンダゲージのダイヤル式は、可)

実技試験(計画立案等作業試験)について

1. 統一実施日

令和 3 年 1 月 24 日(日)

2. 試験時間

1 時間 45 分

3. 問題の概要

単純な形状の部品の精密測定の際の段取り方法、測定方法及び計算式について記述式等で行う問題と品質管理の問題により行う。

4. 持参用具等

品名	寸法又は規格	数量	備考
筆記用具		一式	
直定規又は三角定規		適宜	
コンパス又は円定規		適宜	
電子式卓上計算機	電池式(太陽電池式含む)	1	関数電卓可(ただし、プログラム機能付きのものは不可)

令和2年度技能検定
2級　機械検査（機械検査作業）
実技試験（計画立案等作業試験）問題

1　試験時間

1時間45分

2　注意事項

(1)　係員の指示があるまで、この表紙はあけないでください。
(2)　解答用紙に、受検番号及び氏名を必ず記入してください。
(3)　係員の指示に従って、この試験問題が表紙を含めて6ページであることを確認してください。
それらに異常がある場合は、黙って手を挙げてください。
(4)　試験開始の合図で始めてください。
(5)　解答は、解答用紙の解答欄に記入してください。
なお、要求している解答以外は記入しないでください。
(6)　試験中は、携帯電話、スマートフォン、ウェアラブル端末等の使用(電卓機能の使用を含む)を禁止とします。
(7)　試験中、質問があるときは、黙って手を挙げてください。ただし、試験問題の内容、漢字の読み方等に関する質問にはお答えできません。
(8)　試験終了時刻前に解答ができあがった場合は、黙って手を挙げて、係員の指示に従ってください。
(9)　試験中に手洗いに立ちたいときは、黙って手を挙げて、係員の指示に従ってください。
(10)　試験終了の合図があったら、筆記用具を置き、係員の指示に従ってください。
(11)　試験終了後、解答用紙を提出してください。
(12)　計算等は、解答用紙の余白を使用して行ってください。
(13)　測定方法についての解答のうち、「測定器の油を拭く」や「ブロックゲージを密着させる方法」や「測定器の測定力のかけ方」等の測定態度上の事項については、解答する必要はありません。
(14)　解答の説明図はフリーハンドでもよいものとします。

3　試験に使用できる用具等一覧

品名	寸法又は規格	数量	備考
筆記用具		一式	
直定規又は三角定規		適宜	
コンパス又は円定規		適宜	
電子式卓上計算機	電池式(太陽電池式含む)	1	関数電卓可(ただし、プログラム機能付きのものは不可)

問題 1

下図に示す部品の外周に加工した 60° の V 溝間の中心角 θ を求める場合について、次の設問 1〜4 に答えなさい。ただし、部品は下記に示す条件を満足しているものとする。

［条件］

1　円筒 A の真円度、円筒度及び真直度は正確である。
2　端面 B 及び C は互いに平行で円筒 A の軸心に対し各々直角である。
3　V 溝は、各々円筒 A の軸心に平行であり、深さも等しい。
4　V 溝の角度は、正しく 60° で、かつ V 溝の中心線は円筒 A の軸心を通る。

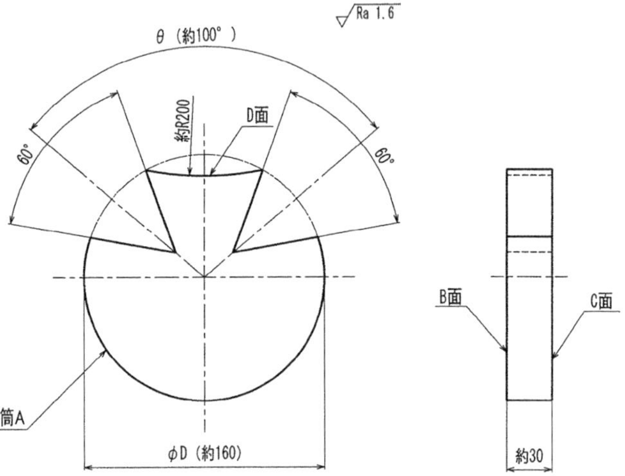

設問 1

V 溝間の中心角 θ を求める場合、必要最小限の測定器及び測定用補助具として適切なものを下記の測定器及び測定用補助具一覧表の中から 5 つまで選び、解答欄に番号で答えなさい。

ただし、必要機器が 4 つ以下で足りる場合は、⑨(不要) を選択すること。必要機器が 3 つ以下の場合は、⑨(不要) を複数回選択してもよい。

測定器及び測定用補助具一覧表

番号	品　　名	寸 法 又 は 規 格	数　量
①	スタンド付きてこ式ダイヤルゲージ	目量 0.01 mm	1 個
②	ブロックゲージ		制限なし
③	外側マイクロメータ	目量 0.01 mm	制限なし
④	測定用ローラ	直径約 54 mm、長さ約 60 mm	2 個 (同一寸法)
⑤	サインバー	呼び寸法 200 mm (ローラの中心距離 200 mm) 幅 30 mm	1 個
⑥	V ブロック	呼び寸法 170 mm(使用可能な円筒の最大径 170 mm)、V 溝角度 140°	1 個
⑦	台付き直角ゲージ		1 個
⑧	精密定盤	JIS 1 級以上	1 個
⑨	不要	必要機器が 4 つ以下の場合に選択	

注 1. 測定器及び測定用補助具は、正確なものである。
注 2. 寸法又は規格欄について記入のないものは、寸法及び規格は規定しない。
注 3. 測定圧で部品は動かず、測定圧及び重量による部品の変形はないものとする。

設問 2

設問 1 で選んだ測定器及び測定用補助具を使用して測定する場合の説明図を下記の【説明図群】の中から 2 つ選び解答欄に記号で答えなさい。

なお、同一記号を重複して使用しないこと。

【説明図群】

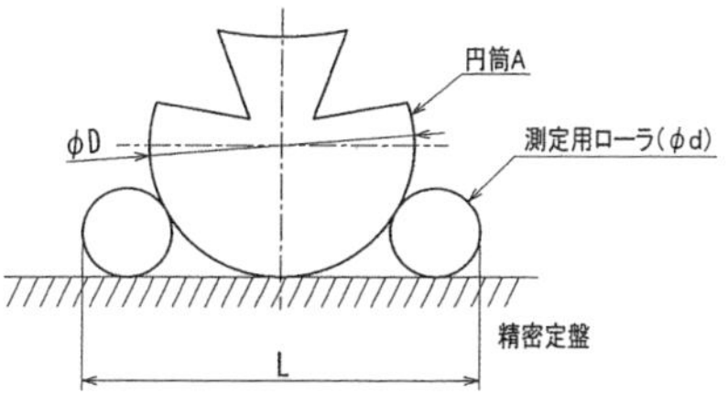

(ア)

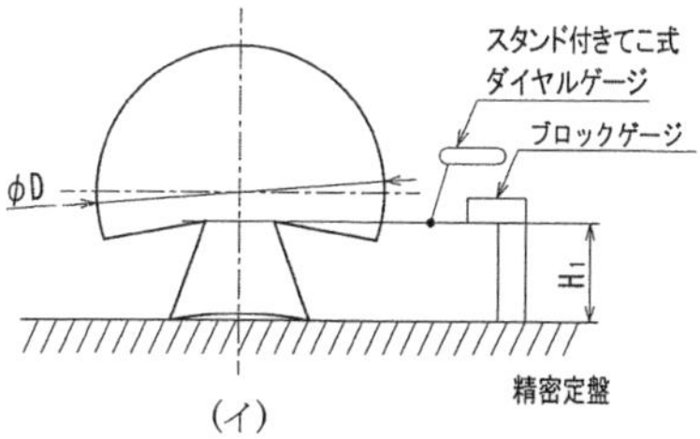

(イ)

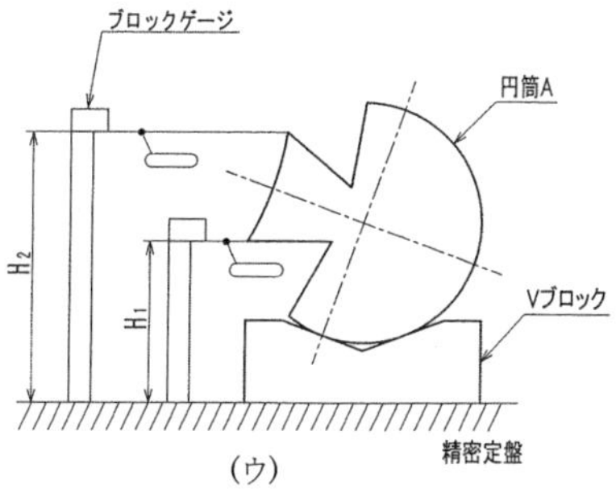

(ウ)

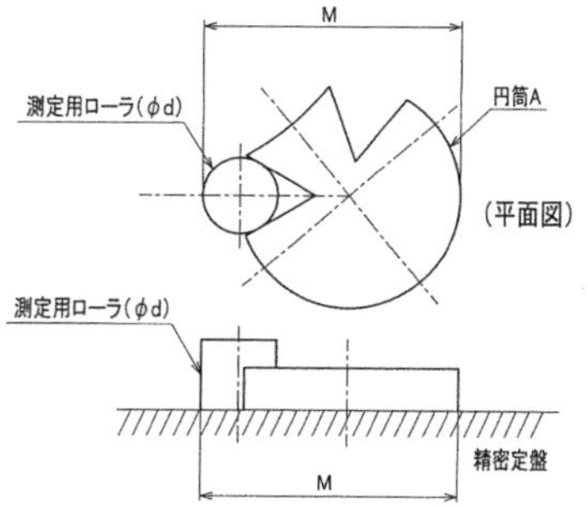

(エ)

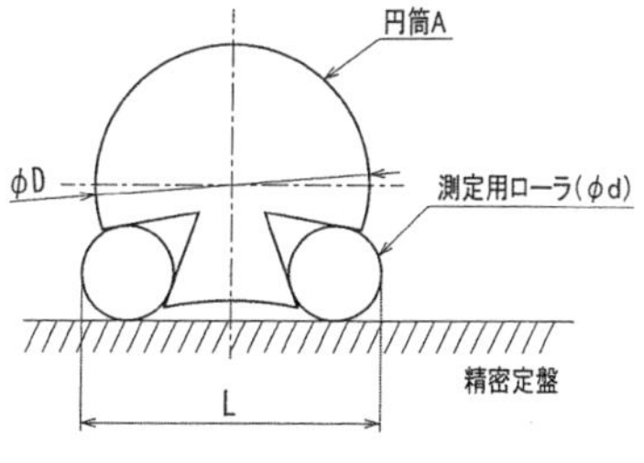

(オ)

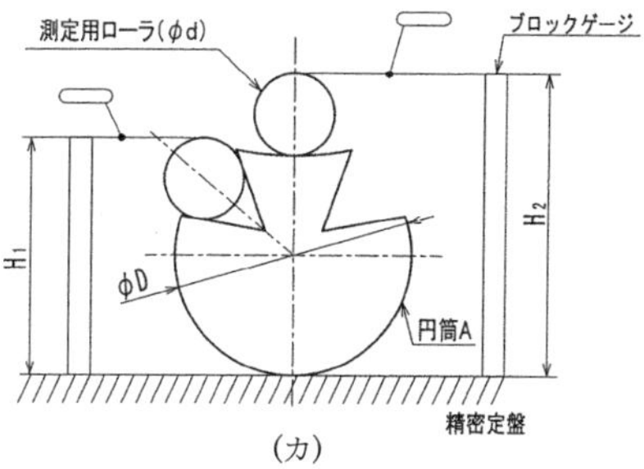

(カ)

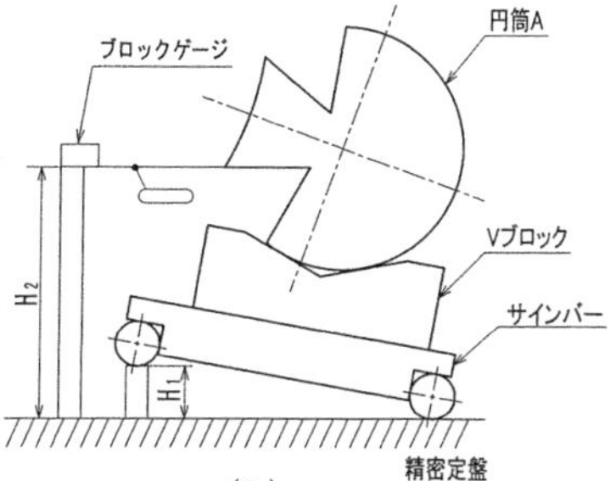

(キ)

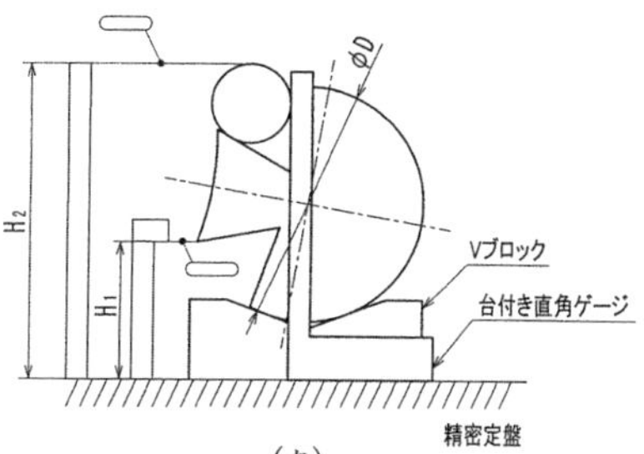

(ク)

設問3

設問 2 で選んだ方法により部品の段取りを行う場合の段取り方法及び測定方法として適切なものを、次の(a)～(j)の中から 4 つ選び解答欄に記号で答えなさい。
なお、同一記号を重複して使用しないこと。

(a) 円筒 A の直径を外側マイクロメータで測定する。

(b) 測定用ローラの直径を外側マイクロメータで測定する。

(c) 定盤上のサインバー上に V 溝の一辺が水平になるようにセットし、V 溝高さを測定する。

(d) V 溝を上にして、円筒部に接するように測定用ローラを 2 個定盤上に置き、ローラ間距離 L を外側マイクロメータで測定する。

(e) 定盤上に V 溝を上にして円筒 A を乗せ、ローラを用いて V 溝の高さ及び約 R200 部の高さをブロックゲージで測定する。

(f) 定盤上においた円筒 A の 1 つの V 溝に 1 個の測定用ローラを入れ、測定用ローラの外端部から円筒 A までの外形寸法を外側マイクロメータで測定する。

(g) V ブロック上に円筒 A をのせ、一方の V 溝が水平になるようにセットし、その高さと他方の V 溝の高さをブロックゲージで測定する。

(h) V 溝を下にして、測定用ローラを各 V 溝に密着するように入れて、定盤上に置き、2 個の測定用ローラ外端寸法を外側マイクロメータで測定する。

(i) 台付き直角ゲージと平行になるように V ブロック上に円筒 A の V 溝をセットし、その V 溝にローラを入れ、ローラ高さと溝高さを測定する。

(j) 定盤上に円筒の V 溝を下にして置き、V 溝の頂点までの高さをブロックゲージで測定する。

設問4

設問 1、2 及び 3 で選んだ段取り方法で、中心角度 θ を求める計算式を下記に示す(A)～(E)の計算式から 1 つ選び解答欄に記号で答えなさい。

(A) $\theta = \sin^{-1}\dfrac{M - D}{H_2 - H_1}$

(B) $\theta = \cos^{-1}\dfrac{H_2 - H_1}{200}$

(C) $\theta = 2\tan^{-1}\dfrac{L - d}{D + d}$

(D) $\theta = \sin^{-1}\dfrac{L - d}{2M - (D + d)}$

(E) $\theta = 2\sin^{-1}\dfrac{L - d}{2M - (D + d)}$

問題 2

下図に示す部品の B 面と C 面の交点及び E 面と F 面を延長した先の交点を結ぶ距離 L の寸法を、部品を作業台に置き、下記の「測定器及び測定用補助具一覧表」の品名に示すものをすべて使用し、その他のものは一切使用しないで測定する場合、その段取り方法、測定方法、L の寸法を求める計算式を、解答用紙に説明図を用いて解答しなさい。

ただし、部品は下記に示す条件を満足しているものとする。

［条件］

1　G 面、H 面の平面度は完全で、平行である。
2　A 面、B 面、C 面、D 面、E 面、F 面の平面度は完全で、G 面、H 面に対し直角である。
3　A 面と D 面は平行、B 面と E 面は平行で、A 面と B 面は直角、D 面と E 面は直角である。
4　A 面から D 面までの距離は、50 mm (既知)である。
5　G 面から H 面までの距離は、30 mm (既知)である。
6　B 面と C 面の作る角及び E 面と F 面の作る角は、何れも 60° (既知)である。

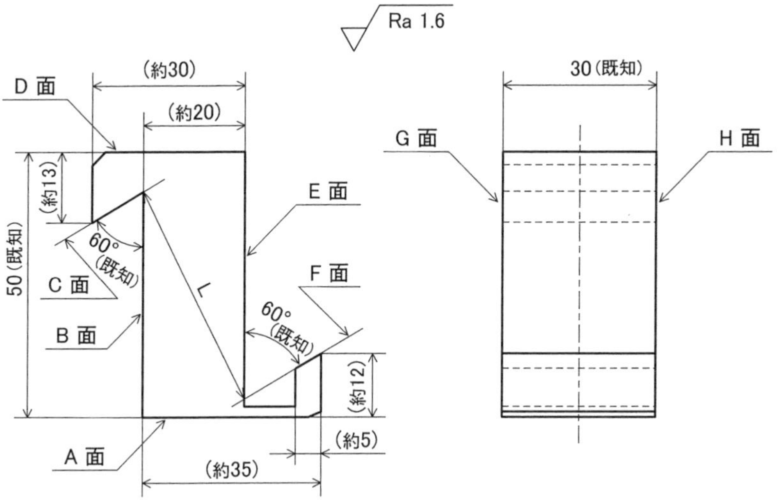

測定器及び測定用補助具一覧表

品　　名	寸 法 又 は 規 格	数　　量
外側マイクロメータ	目量 0.01 mm、最大測定長 25.00 mm	1 個
測定用ローラ(大)	直径 約 15 mm、長さ 約 30 mm	1 個
測定用ローラ(小)	直径 約 10 mm、長さ 約 30 mm	1 個

注 1. 測定器及び測定用補助具は、正確なものである。
注 2. 寸法又は規格欄について記入のないものは、寸法及び規格は規定しない
注 3. 測定圧で部品は動かず、測定圧及び重量による部品の変形はないものとする。

問題 3

次の(1)～(5)は品質管理に関する用語である。(1)～(5)の用語に該当する管理図・表及びその説明として適切なものを、【管理図表群】及び【説明記述群】からそれぞれ一つずつ選び、解答欄に記号で答えなさい。

ただし、同じ記号を重複して使用しないこと。

(1) パレート図

(2) ヒストグラム

(3) 散布図

(4) 特性要因図

(5) $\overline{X}$－R 管理図

【管理図表群】

記号	a	b	c	d
管理図・表	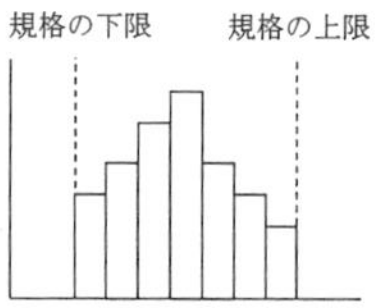	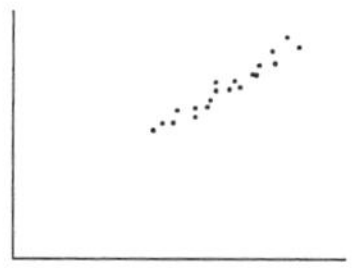	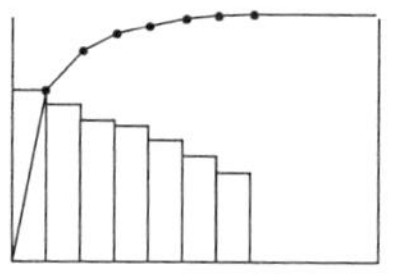	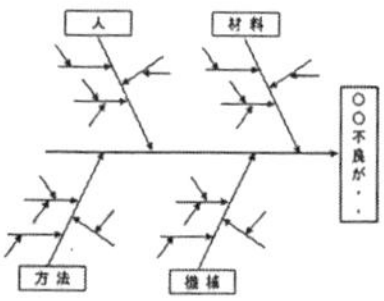

記号	e	f	g
管理図・表	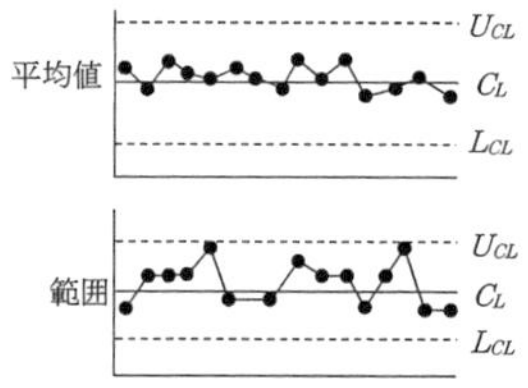	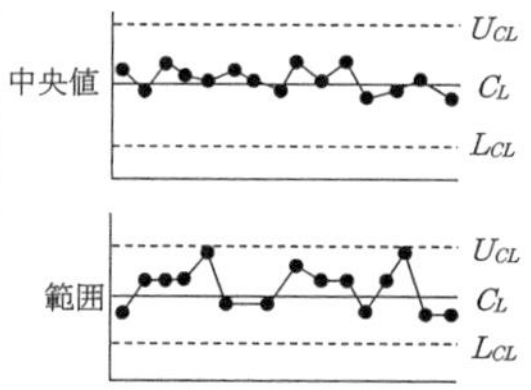	

g:

不良内容	1日	2日	3日	4日	5日	6日	計
外径(+)	//	//	卌	////	卌	//	20
外径(−)	///	///	//	/		//	11
高さ(+)	/	/		/		/	4
高さ(−)	/		/		/		3
外径傷	/	////		////			9
その他	/	/	/	/		/	5
計	9	11	9	11	6	6	52

【説明記述群】

記号	説　明
イ	製造条件データと製造特性データの間に相関関係があるかどうかを解析するために使われる。
ロ	必要なデータを収集するために使われる。
ハ	改善する特性について、多くの要因を整理し、重要な原因の見落としをなくすために使われる。
ニ	数値データについて、分布の状態、中央値とバラツキ、規格との比較等を把握するために使われる。
ホ	数値データについて、分布の状態、平均値とバラツキ、規格との比較等を把握するために使われる。
ヘ	データ全体の分布の姿を眺めることによって、工程に異常が生じていないか、規格外れがないか等を調べるために使われる。
ト	項目別に層別し、出現度数の大きさの順に並べるとともに累積和を示した図である。

令和元年度技能検定
2級　機械検査（機械検査作業）
実技試験（計画立案等作業試験）問題

1　試験時間

1時間45分

2　注意事項

(1)　係員の指示があるまで、この表紙はあけないでください。
(2)　解答用紙に、受検番号及び氏名を必ず記入してください。
(3)　係員の指示に従って、この試験問題が表紙を含めて6ページであることを確認してください。それらに異常がある場合は、黙って手を挙げてください。
(4)　試験開始の合図で始めてください。
(5)　解答は、解答用紙の解答欄に記入してください。
なお、要求している解答以外は記入しないでください。
(6)　試験中は、携帯電話(電卓機能の使用を含む。)等の使用を禁止とします。
(7)　試験中、質問があるときは、黙って手を挙げてください。ただし、試験問題の内容、漢字の読み方等に関する質問にはお答えできません。
(8)　試験終了時刻前に解答ができあがった場合は、黙って手を挙げて、係員の指示に従ってください。
(9)　試験中に手洗いに立ちたいときは、黙って手を挙げて、係員の指示に従ってください。
(10)　試験終了の合図があったら、筆記用具を置き、係員の指示に従ってください。
(11)　試験終了後、解答用紙を提出してください。
(12)　計算等は、解答用紙の余白を使用して行ってください。
(13)　測定方法についての解答のうち、「測定器の油をふく」や「ブロックゲージを密着させる方法」や「測定器の測定力のかけ方」等の測定態度上の事項については、解答する必要はありません。
(14)　解答の説明図はフリーハンドでもよいものとします。

3　試験に使用できる用具等一覧

品名	寸法又は規格	数量	備考
筆記用具		一式	
直定規又は三角定規		適宜	
コンパス又は円定規		適宜	
電子式卓上計算機	電池式(太陽電池式含む)	1	関数電卓可(但し、プログラム機能付きのものは不可)

問題 1

下図に示す部品は、円筒の外周に複数の V 溝が加工されている。100°の V 溝間の中心角 θ を求める場合、次の設問に答えなさい。

ただし、部品は次の条件を満足しているものとする。

［条件］

1　円筒の真円度、円筒度及び真直度は正確である。

2　端面 B 及び端面 C は互いに平行で円筒の軸心に対し各々直角である。

3　各 V 溝は、各々円筒の軸心に平行であり、同一角度の V 溝深さは等しい。

4　各 V 溝の角度は正確で、かつ円筒の中心に向かっている。

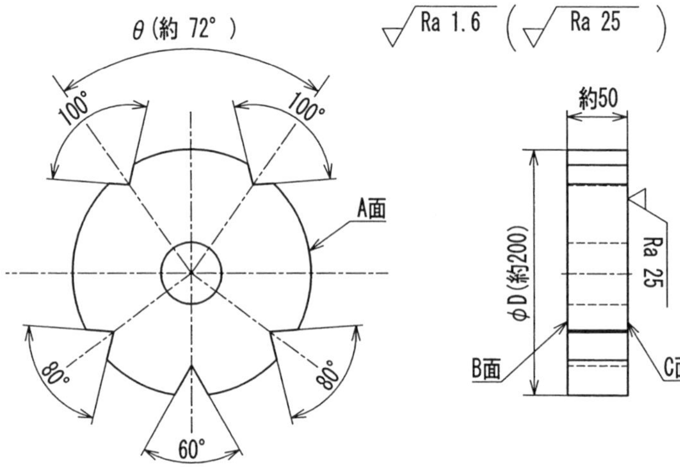

測定器及び測定用補助具一覧表

品　　名	寸 法 又 は 規 格	数　　量
スタンド付きてこ式ダイヤルゲージ	目量 0.01mm	1 個
外側マイクロメータ	目量 0.01mm	制限なし
ブロックゲージ		制限なし
測定用ローラ	直径約 32mm、長さ約 80mm	2 個 (2 個のローラは同一径である)
精密定盤		1 個

注 1.　測定器及び測定用補助具は、正確なものである。

注 2.　寸法又は規格欄について記入のないものは、寸法及び規格は規定しない。

注 3.　測定圧で部品は動かず、測定圧及び重量による部品の変形はないものとする。

注 4.　測定用ローラは各 V 溝の溝面に接する寸法である。

設問 1

測定器及び測定用補助具を使用して測定する場合の説明図を【説明図群】の図(ア)～(カ)の中から2つ選び、解答用紙の解答欄に記号で答えなさい。ただし、同じ記号を重複して使用してはならない。

なお、「測定器及び測定用補助具一覧表」の品名に示すものを全て使用するとは限らない。

【説明図群】

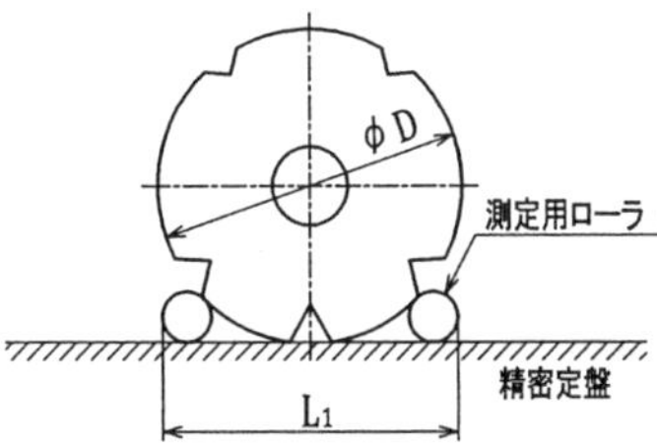

（ア）

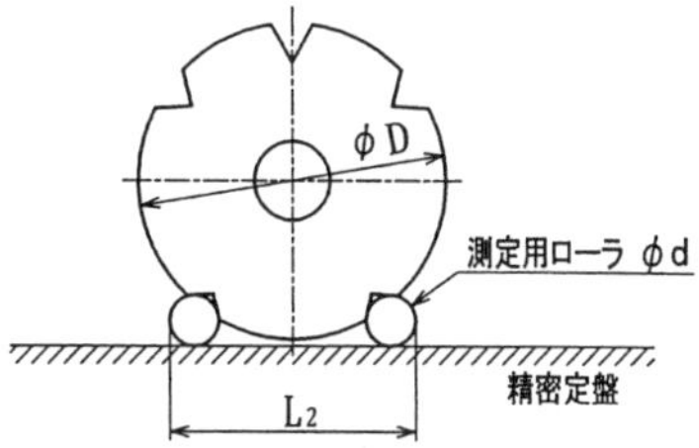

（イ）

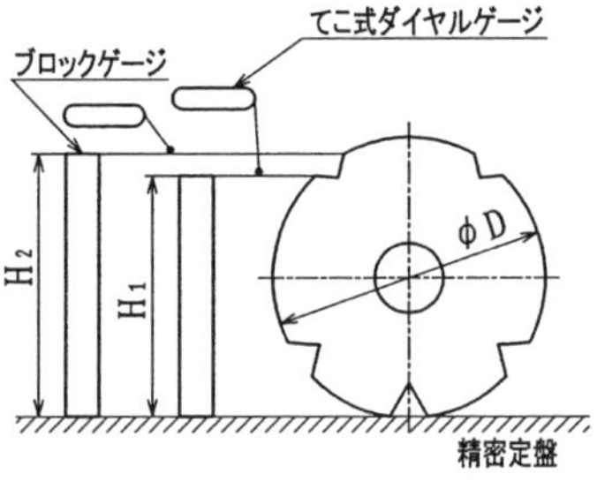

（ウ）

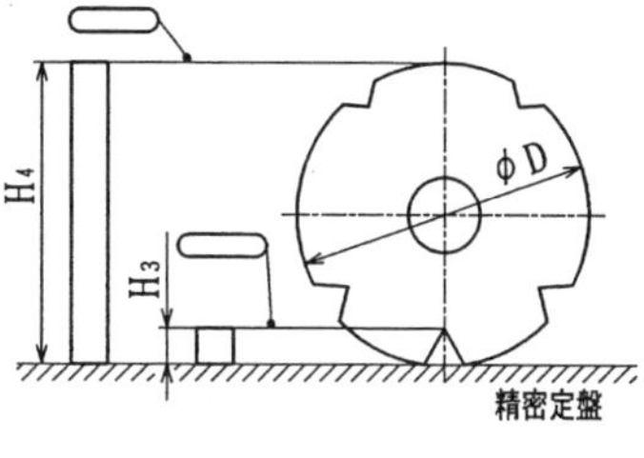

（エ）

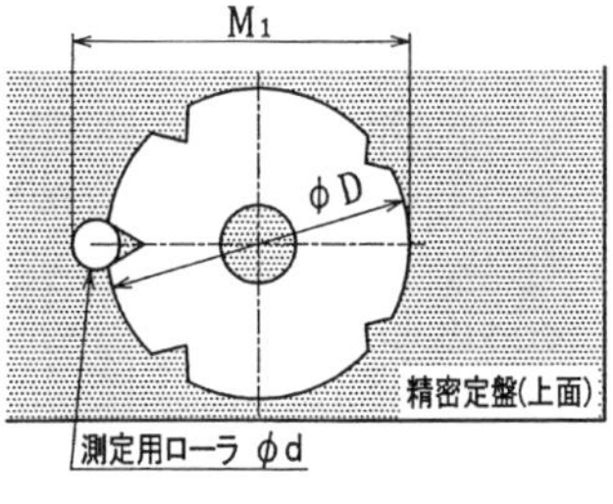

（オ）

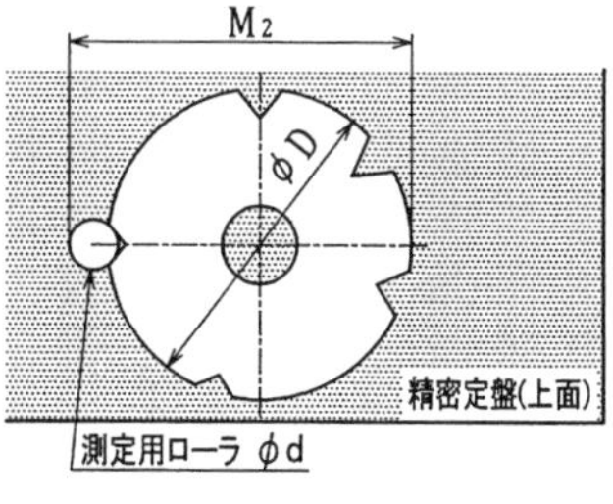

（カ）

設問 2

設問 1 で選んだ方法により部品の測定を行う場合の段取り方法及び測定方法として適切なものを、次の ア～キ の中から 4 つ選び解答用紙の解答欄に記号で答えなさい。ただし、同じ記号を重複して使用してはならない。

ア 定盤上に 60°の V 溝を真下にして置き、100°の V 溝の高さをブロックゲージとてこ式ダイヤルゲージで測定する。

イ 定盤上に B 面を下にして置き、1 つの 100°の V 溝に 1 個の測定用ローラを入れ、測定用ローラの外端部から対面の A 面までの外形寸法を外側マイクロメータで測定する。

ウ 定盤上に B 面を下にして置き、60°の V 溝に 1 個の測定用ローラを入れ、測定用ローラの外端部から対面の A 面までの外形寸法を外側マイクロメータで測定する。

エ A 面の直径を外側マイクロメータで測定する。

オ 測定用ローラの直径を外側マイクロメータで測定する。

カ 隣り合う 2 つの 100°の V 溝に 1 個ずつの測定用ローラを入れ、測定用ローラの測定面が定盤上に接するように置き、測定用ローラの外端部間の寸法を外側マイクロメータで測定する。

キ 定盤上に 60°の V 溝を真下にして置き、V 溝の高さ及び A 面の最上部をブロックゲージとてこ式ダイヤルゲージで測定する。

設問 3

設問 1 及び設問 2 で選んだ段取り方法で、中心角度 θ を求める計算式を下記に示す計算式 ア～カ の中から 1 つ選び解答欄に記号で答えなさい。

ア $\theta = 2\tan^{-1}\dfrac{L_1 - d}{2M_1 - (D + d)}$

イ $\theta = 2\sin^{-1}\dfrac{L_2 - d}{2M_2 - (D + d)}$

ウ $\theta = \sin^{-1}\dfrac{M_2 - D}{H_2 - H_1}$

エ $\theta = \tan^{-1}\dfrac{M_1 - D}{H_4 - H_3}$

オ $\theta = 2\sin^{-1}\dfrac{H_4 - H_3}{D - L_1}$

カ $\theta = \tan^{-1}\dfrac{H_2 - H_1}{L_2 - d}$

問題2

下図に示す部品の「軸心 X−X′」から「B 面と C 面との交線」の距離 L を下記の「測定器及び測定用補助具一覧表」の品名に示すものをすべて使用し、その他のものは一切使用しないで測定する場合、その段取り方法、測定方法及び計算式を、解答用紙に説明図を用いて解答しなさい。

ただし、部品は、下記に示す条件を満足しているものとする。

［条件］

1　軸心 X−X′ に対し各 R 寸法及び C 面の軸心は同心である。

2　直径約 15mm の穴の真円度及び円筒度は完全である。

3　軸心 X−X′ 及び中心線 Y−Y′ に対し A 面は平行である。

4　軸心 X−X′ に対し B 面は直角である。

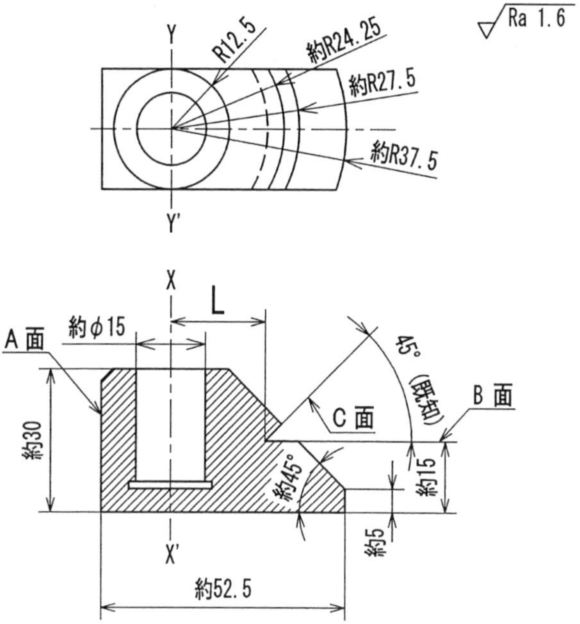

測定器及び測定用補助具一覧表

品　　　名	寸　法　又　は　規　格	数　　　量
外側マイクロメータ	25−50mm 目量 0.01mm	1個
ブロックゲージ	JIS1 級以上	制限なし
スタンド付きてこ式ダイヤルゲージ	目量 0.01mm	1個
測定用ローラ	直径約 3mm、長さ約 20mm	1個
精密定盤	JIS1 級以上	1個

注 1.　測定器及び測定用補助具は、正確なものである。

注 2.　寸法又は規格欄について記入のないものは、寸法及び規格は規定しない。

注 3.　測定圧で部品は動かず、測定圧及び重量による部品の変形はないものとする。

問題 3

設問 1

次の正規分布に関する記述で（　①　）～（　⑨　）に当てはまる最も適切なものを、下記の選択肢ア～ソの中からそれぞれ一つ選び、解答用紙の解答欄にその記号を記入しなさい。

ただし、同じ記号を重複して使用してはならない。

(1) 標準偏差をσとすると、±0.5σの領域に入る確率は約（　①　）%である。
(2) 標準偏差をσとすると、±1σの領域に入る確率は約（　②　）%である。
(3) 標準偏差をσとすると、±2σの領域に入る確率は約（　③　）%である。
(4) 標準偏差をσとすると、±3σの領域に入る確率は約（　④　）%である。
(5) 工程能力を評価する工程能力指数Cpは、上限規格値から下限規格値を引き（　⑤　）σで除した値である。
(6) 工程能力を評価する工程能力指数Cpの値が1に満たないとき、工程能力は不足していることを示し、（　⑥　）に満たないとき、工程能力は非常に不足していることを示し、（　⑦　）以上のとき、工程能力は十分であることを示す。
(7) 自然界にある事柄の多くは近似的に正規分布するが、平均値、標準偏差、単位などが異なったりという相違点があるので、平均値（　⑧　）、標準偏差 1 で単位のない正規分布に変換できれば便利である。このような正規分布に変換することを規準化（又は標準化）と言い、N（⑧，⑨）と表す。

【選択肢】

ア　0	イ　0.67	ウ　1.33	エ　3	オ　6
カ　17	キ　33	ク　38	ケ　50	コ　68
サ　85	シ　95	ス　98	セ　99.7	ソ　1^2

設問 2

次の（1）～（6）のヒストグラムに関する特徴や見方の記述について、それぞれに対応するヒストグラムの分布の形状を、下記の選択肢ア～カの中から一つ選び、解答用紙の解答欄にその記号を記入しなさい。

ただし、同じ記号を重複して使用してはならない。

(1) 度数は中心付近が最も多く、中心から離れるに従って徐々に少なくなり、ほぼ左右対称である。
(2) 区間の幅が測定単位(測定のきざみ)の整数倍になっていない場合などに現れる。
(3) 規格値などで下限側が制限されている場合や、理論的にある値以下の値をとらない場合に現れる。
(4) 規格外のものを全数選別して取り除いた場合などに現れる。
(5) 平均値の異なる２つの分布が混じり合った場合に現れる。
(6) 異なった分布からのデータがわずかに混入した場合や、工程に突発的異常が発生した場合などに現れる。

【選択肢】

ア　一般型	イ　右スソ引き型	ウ　ふた山型
エ　絶壁型	オ　歯抜け型	カ　離れ小島型

平成 30 年度技能検定
2級　機械検査（機械検査作業）
実技試験（計画立案等作業試験）問題

1　試験時間

1時間 45 分

2　注意事項

(1)　係員の指示があるまで、この表紙はあけないでください。
(2)　解答用紙に、受検番号及び氏名を必ず記入してください。
(3)　係員の指示に従って、この試験問題が表紙を含めて 6 ページであることを確認してください。それらに異常がある場合は、黙って手を挙げてください。
(4)　試験開始の合図で始めてください。
(5)　解答は、解答用紙の解答欄に記入してください。
なお、要求している解答以外は記入しないでください。
(6)　試験中は、携帯電話(電卓機能の使用を含む。)等の使用を禁止とします。
(7)　試験中、質問があるときは、黙って手を挙げてください。ただし、試験問題の内容、漢字の読み方等に関する質問にはお答えできません。
(8)　試験終了時刻前に解答ができあがった場合は、黙って手を挙げて、係員の指示に従ってください。
(9)　試験中に手洗いに立ちたいときは、黙って手を挙げて、係員の指示に従ってください。
(10)　試験終了の合図があったら、筆記用具を置き、係員の指示に従ってください。
(11)　試験終了後、解答用紙を提出してください。
(12)　計算等は、解答用紙の余白を使用して行ってください。
(13)　測定方法についての解答のうち、「測定器の油をふく」や「ブロックゲージを密着させる方法」や「測定器の測定力のかけ方」等の測定態度上の事項については、解答する必要はありません。
(14)　解答の説明図はフリーハンドでもよいものとします。

3　試験に使用できる用具等一覧

品名	寸法又は規格	数量	備考
筆記用具		一式	
直定規又は三角定規		適宜	
コンパス又は円定規		適宜	
電子式卓上計算機	電池式(太陽電池式含む)	1	関数電卓可(但し、プログラム機能付きのものは不可)

問題 1

下図に示す部品のB面とD面のなす角度 θ を求める場合、以下の設問に答えなさい。

ただし、部品は下記に示す条件を満足しているものとし、下記の「測定器及び測定用補助具一覧表」の品名に示すもののみを使用するものとする。

［条件］

1　円筒面Aの真円度、円筒度及び真直度は正確であり、径は ϕ 100mm で正確である。

2　すべての面の平面度は完全である。

3　B面、C面、D面、G面は円筒面Aの軸心と平行である。

4　C面とG面は平行である。

5　B面とC面は直角である。

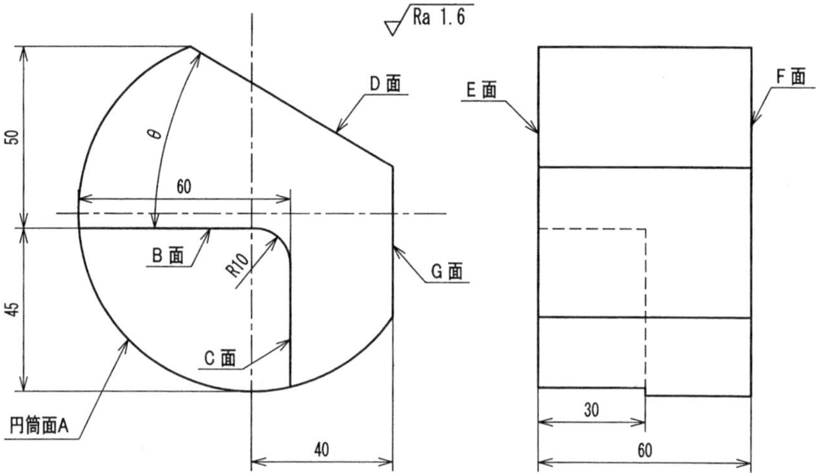

測定器及び測定用補助具一覧表

品　　　名	寸　法　又　は　規　格	数　　量
スタンド付きてこ式ダイヤルゲージ	目量0.01mm	1個
金ます	一辺150mm、保持具付き	1個
測定用ローラ（小）	直径d　、長さ約30mm	1個
測定用ローラ（大）	直径D　、長さ約30mm	1個
ブロックゲージ	JIS1級以上	制限なし
精密定盤	JIS1級以上	1個

注1. 測定器及び測定用補助具は、正確なものである。

注2. 寸法又は規格欄について記入のないものは、寸法及び規格は規定しない。

注3. 測定圧で部品は動かず、測定圧及び重量による部品の変形はないものとする。

【測定方法図】

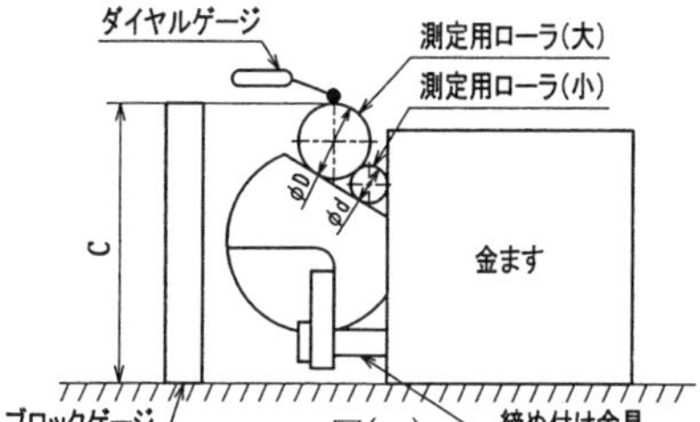

図(a)

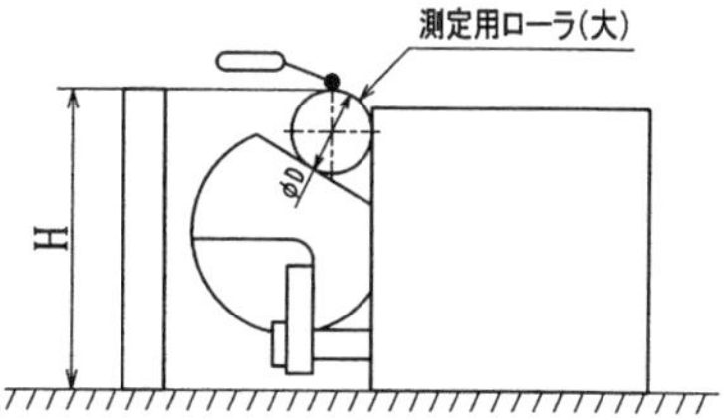

図(b)

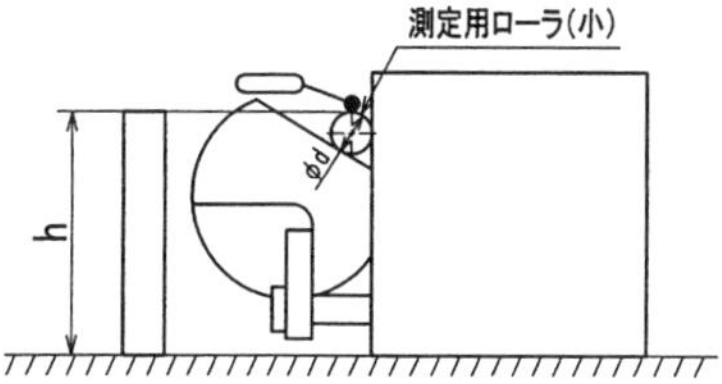

図(c)

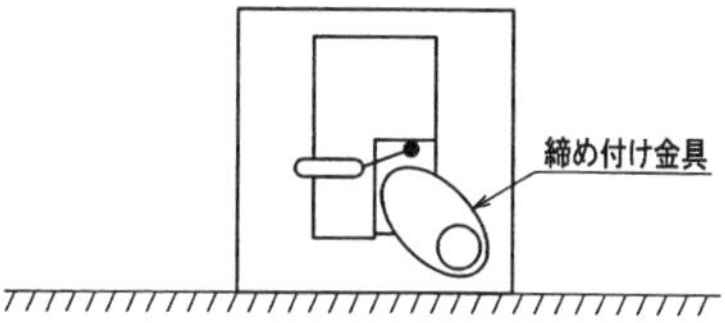

図(d)

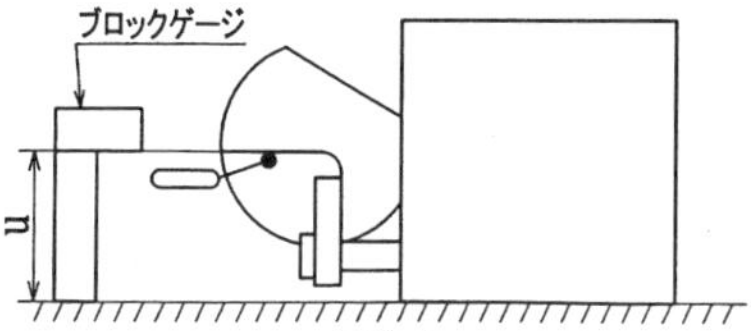

図(e)

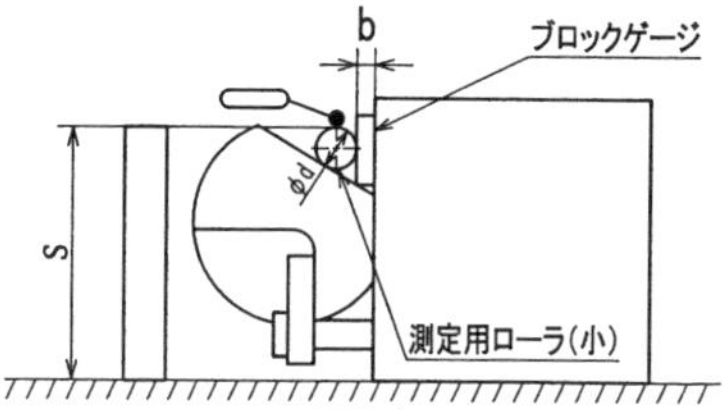

図(f)

【説明記述】

ア. 金ますとD面に接するように測定用ローラ(小)を置き、てこ式ダイヤルゲージとブロックゲージで上端までの高さを測定する。

イ. 金ますとD面に接するように測定用ローラ(大)を置き、てこ式ダイヤルゲージとブロックゲージで上端までの高さを測定する。

ウ. 金ますに部品のC面を締めつけ金具で軽く取付け、G面を金ますブロックに密着させ、スタンド付きてこ式ダイヤルゲージでB面が水平になるように調整して締め付ける。

エ. 金ますに所定の方法で取り付けられた部品の B 面の高さを、スタンド付きてこ式ダイヤルゲージとブロックゲージで測定する。

オ. 金ますとD面に接するように置かれた、測定用ローラ(小)の上に測定用ローラ(大)を置き、てこ式ダイヤルゲージとブロックゲージで上端までの高さを測定する。

カ. 金ますとD面に接するようにブロックゲージを金ますに密着させて置き、その横に測定用ローラ(小)を置き、ローラ上端の高さを測定する。

設問 1

【測定方法図】の図(a)～(f)は、測定方法をモデル的に表現した方法図である。それぞれの方法図に該当する段取り方法及び測定方法を【説明記述】のア～カの中からそれぞれ 1 つずつ選び、解答用紙の解答欄に記号で答えなさい。ただし同じ記号を重複して使用してはならない。

設問 2

正確に角度 θ を求める測定方法は 3 通りある。【表】に示された各測定方法の特徴をもとに、【表】中の(1)～(3)に当てはまる各測定方法の手順を【説明記述】内のア～カの中からそれぞれ 1 つずつ選び、解答用紙の解答欄に記号で答えなさい。ただし同じ記号を重複して使用してはならない。

【表】

測定方法	手順	特徴	計算式
I	(1) → ア → (2)	大きさが異なるローラ 2 個を個別に使用しなければできない測定方法である	(A)
II	(1) → ア → オ	大きさが異なるローラ 2 個を同時に使用しなければできない測定方法である	(B)
III	(1) → ア → (3)	ローラ 1 個で測定できるが、ブロックゲージの密着を確認する必要がある	(C)

設問 3

設問 2 の【表】中の(A)～(C)に当てはまる各測定方法の角度 θ の算出に必要な計算式を、下記のア～スの中からそれぞれ 1 つずつ選び、解答用紙の解答欄に記号で答えなさい。ただし同じ記号を重複して使用してはならない。

ア．$90° - 2\tan^{-1}\left(\dfrac{D-d}{2H-2h-D+d}\right)$

イ．$45° - 2\tan^{-1}\left(\dfrac{D-d}{2c-2h-D+d}\right)$

ウ．$-2\sin^{-1}\left(\dfrac{D-d}{2s-2h-u-D+d}\right)$

エ．$\cos^{-1}\left(\dfrac{2H-2h-D+d}{D+d}\right) - \cos^{-1}\left(\dfrac{D-d}{D+d}\right)$

オ．$\sin^{-1}\left(\dfrac{2c-2h-D+d}{D+d}\right) - \sin^{-1}\left(\dfrac{D-d}{D+d}\right)$

カ．$\sin^{-1}\left(\dfrac{s-h-u-D+d}{D+d}\right) - \sin^{-1}\left(\dfrac{D-d}{D+d}\right)$

キ．$\cot^{-1}\dfrac{b}{H-h}$

ク．$\sin^{-1}\dfrac{c-h}{b}$

ケ．$\cos^{-1}\dfrac{b}{u-h}$

コ．$\tan^{-1}\dfrac{s-h}{b}$

サ．$\sin^{-1}\left(\dfrac{2H-2h-D+d}{2b+D+d}\right) - \sin^{-1}\left(\dfrac{D-d}{D+d}\right)$

シ．$\sin^{-1}\left(\dfrac{2c-2h-D+d}{(D-d)^2+(2b+D+d)^2}\right) - \tan^{-1}\left(\dfrac{D-d}{u+D+d}\right)$

ス．$\tan^{-1}\left(\dfrac{2s-2h-2s-D+d}{(D-d)^2+(2b+D+d)^2}\right) - \tan^{-1}\left(\dfrac{D-d}{2b+D+d}\right)$

問題2

下図に示す部品のB面及びC面の交点間距離Lと、D面とE面の交点間距離Sを下記の「測定器及び測定用補助具一覧表」の品名に示すものをすべて使用し、その他のものは一切使用しないで測定する場合、その段取り方法、測定方法及び計算式を、解答用紙に説明図を用いて解答しなさい。ただし、部品は、下記に示す条件を満足しているものとする。

［条件］

1　中心線X−X′に対しB面、C面、D面、E面の軸心は同心である。

2　B面、C面、D面、E面の真円度は完全である。

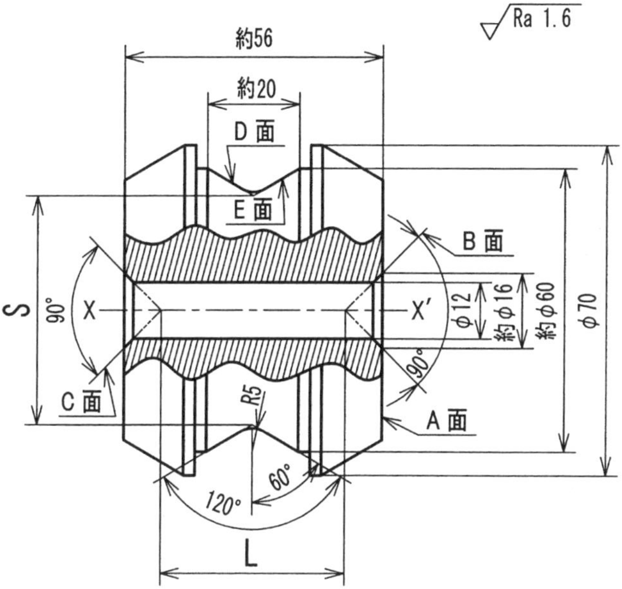

測定器及び測定用補助具一覧表

品　　　名	寸　法　又　は　規　格	数　　　量
外側マイクロメータ	0−25mm 目量 0.01mm	1個
外側マイクロメータ	75−100mm 目量 0.01mm	1個
測定用鋼球	球径約 20mm	2個 (2個の鋼球は同一径である)
測定用ローラ	直径約 15mm、長さ約 30mm	2個 (2個のローラは同一径である)

注1. 測定器及び測定用補助具は、正確なものである。

注2. 寸法又は規格欄について記入のないものは、寸法及び規格は規定しない。

注3. 測定圧で部品は動かず、測定圧及び重量による部品の変形はないものとする。

問題 3

あるギヤ加工工程において、不適合品が多発している。そこで不適合項目別に 1 か月間不適合品の数を調査し、対策をしてきた。【表 1】は、対策前後の不適合品数を項目別にまとめたものである。以下の設問に答えなさい。

【表 1】

項目記号	不適合項目	対策前の不適合品数	対策後の不適合品数
A	歯当たり不良	19	11
B	打痕	98	4
C	かけ	20	14
D	位相不良	35	29
E	精度不良	72	5
F	歯形不良	39	23
G	その他	17	14
	合計	300	100

設問 1

【表 2】は【表 1】より、対策前後の不適合品を項目ごとの不適合品数順に並べ、累積比率を算出したものである。(1)～(4)に当てはまる不適合項目及び不適合品数を、【表 1】の項目記号 A～G の中からそれぞれ 1 つずつ選び、解答用紙の解答欄に記号で答えなさい。ただし同じ記号を重複して使用してはならない。また、(5)～(8)に当てはまる適切な数値を、解答用紙の解答欄に記入しなさい。

【表 2】

	不適合項目	不適合品数	累積個数	累積比率
対策前	打痕	98	98	32.7
	精度不良	72	170	56.7
	歯形不良	39	209	69.7
	位相不良	35	244	81.3
	かけ	20	264	88.0
	歯当たり不良	19	283	94.3
	その他	17	300	100.0
	合計	300		
対策後	(1)		(5)	29.0
	(2)		(6)	(8)
	かけ	14	66	66.0
	歯当たり不良	11	77	77.0
	(3)		(7)	82.0
	(4)		86	86.0
	その他	14	100	100.0
	合計	100		

設問 2

対策後の不適合品数のパレート図を解答用紙の解答欄に作成しなさい。

設問 3

対策後、更なる目標として、不適合品数の 50%減が設定された。目標達成のために対策するべき不適合項目として適切なものを、【表 1】の項目記号 A～G の中から 2 つ選び、解答用紙の解答欄に記号で答えなさい。

令和２年度技能検定
１級　機械検査(機械検査作業)
実技試験(製作等作業試験)問題

次に示す試験時間及び注意事項に従って、〔作業1〕、〔作業2〕、〔作業3〕及び〔作業4〕を行いなさい。

1. 試験時間

	試験時間
〔作業1〕　寸法測定	13分
〔作業2〕　歯車のまたぎ歯厚測定	5分
〔作業3〕　三針法によるねじプラグゲージの有効径測定	3分
〔作業4〕　外側マイクロメータの性能測定	8分

2. 注意事項

(1)　解答用紙は、試験当日、試験場で配付される。

(2)　作業の実施順序については、試験当日、試験場で技能検定委員から指示がある。

(3)　使用工具等は、「使用工具等一覧表」で指定したもの以外は使用しないこと。また、試験中に工具等の貸し借りはしないこと。

(4)　試験当日配付される解答用紙には、4枚とも受検番号及び氏名を必ず記入すること。ただし、※印欄には何も記入しないこと。

(5)　試験当日配付される解答用紙の「部品番号」の欄は、技能検定委員の指示に従い記入すること。

(6)　試験当日配付される解答用紙は、各作業ごとに解答記入後、技能検定委員に提出すること。

(7)　シリンダゲージを除いて、測定器類については、0点調整が行ってあるので、0点調整は行わないこと。ただし、0点確認又はブロックゲージによる確認は行うこと。もし0点に狂いがある場合には、測定値を補正した解答を記入すること。

(8)　計算が必要な場合は、「解答用紙」の余白又は裏面を使うこと。

(9)　各作業が終了したら、その都度、技能検定委員に終了の合図をすること。

(10) 試験時間終了の合図があったら、直ちに作業をやめること。

(11) 各作業が終了したら、技能検定委員の指示に従い、試験用材料(部品等)、測定器具、測定補助具等を元の状態に整頓すること。

(12) 課題ごとに決められた時間中に、他の課題の解答を記入しないこと。なお、こうした行為を行った事が認められた場合は、失格となる。

(13) 測定器、試験用材料(部品等)、測定補助具等の油及びゴミを拭き取る場合は、原則として、下記によること。

・セーム皮・・・・測定器(0～25 mm の外側マイクロメータの測定面は紙でも可)、ブロックゲージ、リングゲージ及び三針の清拭用

・ウエス・・・・・部品及び定盤の清拭用

・ハケ・・・・・・歯車の歯面及びねじプラグゲージのねじ部の清拭用

・紙・・・・・・・0～25 mm の外側マイクロメータの測定面の清拭用(セーム皮でも可)

(14) 作業時の服装等は、作業に支障のないものであること。

(15) <u>この問題には、事前に書き込みをしないこと。また、試験中に他の用紙にメモをしたものや参考書等を参照することは禁止とする</u>。

(16) 試験中は、携帯電話、スマートフォン、ウェアラブル端末等の使用(電卓機能の使用を含む)の使用を禁止とする。

3. 試験課題

〔作業 1〕寸法測定

次の〔指示事項〕に従い、各測定器を用いて、下図のような部品の指示された測定箇所 26 箇所（計算 1 箇所）を測定しなさい。

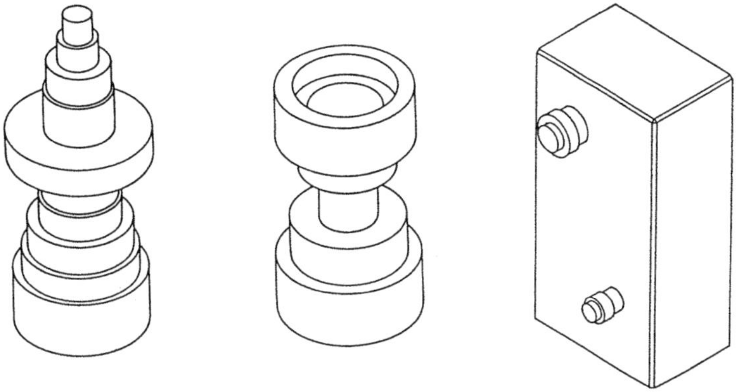

〔指示事項〕

(1) 試験場に準備してある説明図には、部品の測定箇所及び測定器が明示されている。

(2) 解答は、説明図に示した測定箇所の番号と同じ番号が記入してある解答欄に記入すること。

(3) 部品の測定箇所に測定器を当てる位置(方向)が明示してある。

(4) 上図に示した部品測定箇所の数は、下表のとおりである。

使用する測定器	測定箇所数
外側マイクロメータ	12
ノギス	5
ハイトゲージ	7
シリンダゲージ	1
測定値からの計算	1

(5) 解答は、実際寸法(絶対寸法)で記入すること。

(6) 解答は、測定器の種類により、ミリメートル単位で次の数値まで求めること。

イ　外側マイクロメータ及びシリンダゲージを使用する測定箇所については、小数第 3 位まで。

ロ　ノギス及びハイトゲージを使用する測定箇所については、小数第 2 位まで。

ハ　測定値から計算する箇所については、小数第 2 位まで。

(7) 解答は、直径記号(φ)及び単位(mm)を記入しなくてよい。

〔作業 2〕歯車のまたぎ歯厚測定

次の〔指示事項〕に従い、歯厚マイクロメータを用いて歯車を測定し、測定値から法線ピッチを求めなさい。

〔指示事項〕

(1) 法線ピッチは、下図に示すような連続した 6 枚の歯の 3 枚またぎ歯厚と 4 枚またぎ歯厚を測定し、測定値から相隣る歯間の 5 箇所について求めること。

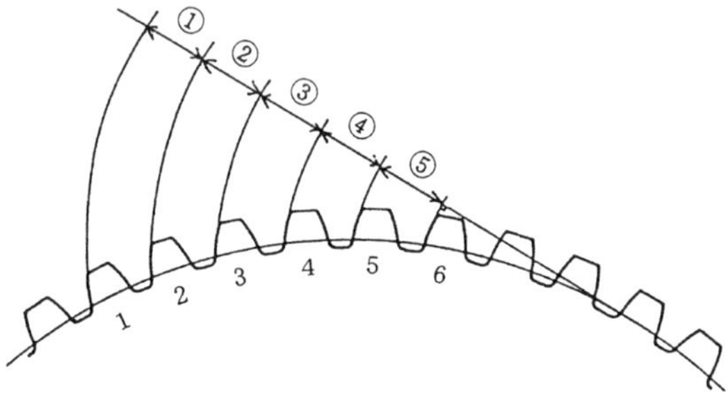

(2) 歯車の測定位置は、部品及び説明図に指定した箇所によること。

(3) 解答は、説明図に示した測定箇所番号により、解答欄に記入すること。

(4) 法線ピッチの値は、実際寸法(絶対寸法)により求めること。

(5) 法線ピッチの値は、ミリメートル単位で、小数第 3 位まで求めること。

(6) 測定は、歯車を支持台に支持させた状態で行うこと。

〔作業 3〕三針法によるねじプラグゲージの有効径測定

次の〔指示事項〕に従い、三針及び外側マイクロメータを用いて、ねじプラグゲージのねじ部を測定し、下記の計算式により、ねじ部の有効径(E)を求めなさい。

〔指示事項〕

(1) 下図のように、矢印で示した方のねじの有効径を測定すること。

(2) 有効径(E)を求める計算式は次式によること。

E (mm) = M (mm) − A (mm)

ただし、E は有効径、M は針の外側距離の測定値、A は試験場に示す数値とする。

(3) 三針の測定方法は三針懸垂方式で、ねじプラグゲージをマイクロメータスタンドに固定した状態で行うこと。

(4) 外側マイクロメータは、準備してあるブロックゲージ(寸法を明示してある。)により確認すること。

(5) 針の外側距離の測定値(M)は、実際寸法(絶対寸法)で、ミリメートル単位により小数第 3 位まで求めること。

(6) 有効径の計算値(E)は、ミリメートル単位で、小数第 3 位まで求めること。

〔作業 4〕外側マイクロメータの性能測定

次の〔指示事項〕に従い、外側マイクロメータの指示誤差(器差)及び平行度を測定しなさい。

〔指示事項〕

(1) 指示誤差(器差)測定位置は、外側マイクロメータの記入目盛数字 5, 10, 15, 20 及び 25 のところの 5 箇所とし、各々の外側マイクロメータの読みから、ブロックゲージの値を差し引いて求め、記入すること。

(2) 平行度測定は、5 mm ブロックゲージを使用して、外側マイクロメータの両測定面の中央及び四隅(下図参照)を測定し、その最大値と最小値の差を求め、記入すること。

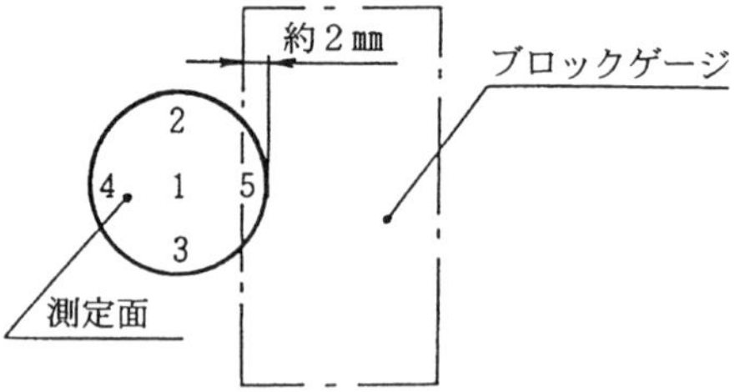

(3) 指示誤差(器差)及び平行度は、0.001, 0.002 のように 0.001 ミリメートル単位で記入すること。ただし、指示誤差(器差)は＋、－の符号のうち該当する方を○で囲むこと。

なお、指示誤差(器差)が±0.000 の場合は、＋、－符号に○印を付けずに 0.000 又は 0 のいずれかを記入すること。

(4) 指示誤差(器差)及び平行度測定は、外側マイクロメータが、マイクロメータスタンドに固定された状態で行うこと。

(5) ブロックゲージを扱う手には、手袋を必ずつけること。

1級　機械検査(機械検査作業)実技試験(製作等作業試験)使用工具等一覧表

1. 受検者が持参するもの

品名	寸法又は規格	数量	備考
筆記用具		一式	
電子式卓上計算機	電池式(太陽電池式含む)	1	関数電卓可(ただし、プログラム機能付きのものは不可)
作業服等		一式	
手袋	測定に適したもの	1組	油汚れ等があるものや、測定対象物や機器に影響を及ぼすもの等は不可

※ 手袋は、作業 4 以外でも適宜使用してもよい。持参した手袋が検定委員により不可と判断された場合は、会場に準備されている手袋を使用すること。

2. 試験場に準備されているもの

数量欄の数字は、特にことわりのない限り、一試験場当たりの数量を示すものであるが、一試験場において、数グループを並行して試験を行う場合には、数量はそのグループ数が準備されている。

区分	品名	寸法又は規格	数量	備考
寸法測定	試験用材料(部品)		一式	
	外側マイクロメータ	目量0.01 mm　0～25 mm	1	JIS B 7502の最大許容誤差の範囲内のもの
	外側マイクロメータ	目量0.01 mm　25～50 mm	1	〃
	ノギス(デプス付き)	最小読取値 0.05 mm(1/20)	1	JIS B 7507の最大許容誤差の範囲内のもの
	ハイトゲージ	最小読取値 0.02 mm(1/50)	1	JIS B 7517の最大許容誤差の範囲内のもの
	シリンダゲージ	JIS A級、指示器は目量0.01 mmのダイヤルゲージ	1	JIS B 7515相当品
	基準棒又はブロックゲージ	25mm(ブロックゲージにおいては、JIS1級以上)	いずれか1	外側マイクロメータ点検用
	リングゲージ又はブロックゲージと同ホルダ(ジョウ2個付き)	ブロックゲージにおいてはJIS 1級以上	いずれか1	シリンダゲージ及びノギス点検用
	精密定盤	JIS 1級以上	1	
	セーム皮	同等の類似品も可	1	測定器の清拭用
	紙		1	0～25 mmの外側マイクロメータの測定面の清拭用
	ウエス		1	部品及び定盤の清拭用
歯車のまたぎ歯厚測定	試験用材料(歯車)及び支持台		一式	
	歯厚マイクロメータ	目量0.01 mm　25～50 mm	1	最大測定長さ100 mm以下でJIS B 7502の最大許容誤差の範囲内のもの
	基準棒又はブロックゲージ	ブロックゲージにおいては、JIS 1級以上	いずれか1	歯厚マイクロメータ点検用
	セーム皮	同等の類似品も可	1	測定器の清拭用
	ハケ		1	歯面の清拭用

区分	品名	寸法又は規格	数量	備考
三針法によるねじプラグゲージの有効径測定	試験用材料(ねじプラグゲージ)及びマイクロメータスタンド		一式	
	ねじ測定用三針	測定するねじについての最適針のこと	組	JIS B 0271のもの
	トースカン		1	ねじ測定用三針を懸垂させる
	外側マイクロメータ	目量0.01 mm　0～25 mm	1	JIS B 7502の最大許容誤差の範囲内のもの
	ブロックゲージ	JIS 1級以上	1	マイクロメータ点検用
	セーム皮	同等の類似品も可	1	三針及び測定器の清拭用
	紙		1	0～25 mmの外側マイクロメータの測定面の清拭用
	ハケ		1	ねじ部の清拭用
マイクロメータ性能測定	試験用材料(外側マイクロメータ)及びマイクロメータスタンド		一式	
	ブロックゲージ	呼び寸法5, 10, 15, 20, 25 JIS 1級以上	各1	(予備手袋含む)
	セーム皮	同等の類似品も可	1	ブロックゲージ及び測定器の清拭用
	紙		1	0～25 mmの外側マイクロメータの測定面の清拭用

(注) 測定器は、デジタル式及びダイヤル式を除く。(シリンダゲージのダイヤル式は、可)

実技試験(計画立案等作業試験)について

1. 統一実施日

令和3年1月24日(日)

2. 試験時間

2時間

3. 問題の概要

複雑な形状の部品の精密測定の際の段取り方法、測定方法及び計算式について、記述式等で行う問題と品質管理の問題により行う。

4. 持参用具等

品名	寸法又は規格	数量	備考
筆記用具		一式	
直定規又は三角定規		適宜	
コンパス又は円定規		適宜	
電子式卓上計算機	電池式(太陽電池式含む)	1	関数電卓可(ただし、プログラム機能付きのものは不可)

令和2年度技能検定
1級　機械検査（機械検査作業）
実技試験（計画立案等作業試験）問題

1　試験時間

2時間

2　注意事項

(1)　係員の指示があるまで、この表紙はあけないでください。
(2)　解答用紙に、受検番号及び氏名を必ず記入してください。
(3)　係員の指示に従って、この試験問題が表紙を含めて4ページであることを確認してください。それらに異常がある場合は、黙って手を挙げてください。
(4)　試験開始の合図で始めてください。
(5)　解答は、解答用紙の解答欄に記入してください。なお、要求している解答以外は記入しないでください。
(6)　試験中は、携帯電話、スマートフォン、ウェアラブル端末等の使用(電卓機能の使用を含む)を禁止とします。
(7)　試験中、質問があるときは、黙って手を挙げてください。ただし、試験問題の内容、漢字の読み方等に関する質問にはお答えできません。
(8)　試験終了時刻前に解答ができあがった場合は、黙って手を挙げて、係員の指示に従ってください。
(9)　試験中に手洗いに立ちたいときは、黙って手を挙げて、係員の指示に従ってください。
(10)　試験終了の合図があったら、筆記用具を置き、係員の指示に従ってください。
(11)　試験終了後、解答用紙を提出してください。
(12)　計算等は、解答用紙の余白を使用して行ってください。
(13)　測定方法についての解答のうち、「測定器の油を拭く」や「ブロックゲージを密着させる方法」や「測定器の測定力のかけ方」等の測定態度上の事項については、解答する必要はありません。
(14)　解答の説明図はフリーハンドでもよいものとします。

3　試験に使用できる用具等一覧

品名	寸法又は規格	数量	備考
筆記用具		一式	
直定規又は三角定規		適宜	
コンパス又は円定規		適宜	
電子式卓上計算機	電池式(太陽電池式含む)	1	関数電卓可(ただし、プログラム機能付きのものは不可)

問題 1

下図に示す部品には、2 つの穴(穴 A 及び穴 B)があいている。穴 A の中心軸の傾斜角度 θ 及び穴 A の中心軸と部品外径円筒面上の交点から中心線 X－X' までの距離 H_A、並びに穴 B の中心軸の傾斜角度 β 及び部品底面(A 面)から穴 B の中心軸と B 面の交点までの高さ H_B を、下記の「測定器及び測定用補助具一覧表」の品名に示すものをすべて使用し、その他のものは一切使用しないで測定する場合、その段取り方法、測定方法及び計算式を、解答用紙に説明図を用いて解答しなさい。

ただし、部品は下記に示す条件を満足しているものとする。

［条件］

1 部品の外径は ϕ100 で、真円度、円筒度及び真直度は完全である。
2 中心線 X－X' 及び中心線 Z－Z' に対し、A 面は平行である。
3 A 面に対し、B 面及び C 面は直角であり、B 面及び C 面の平面度は完全である。
4 穴 A の中心軸と B 面は平行である。
5 部品外周面は、B 面に対し直角である。
6 穴 A 及び穴 B の穴径は、ϕ10 で、真円度、円筒度、真直度は完全である。

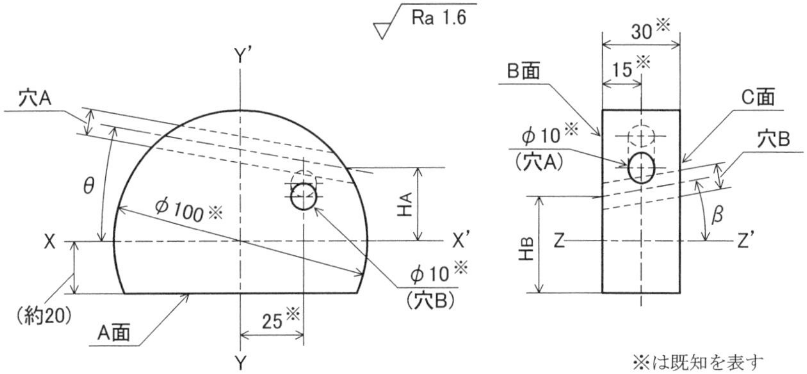

測定器及び測定用補助具一覧表

品　　名	寸 法 又 は 規 格	数　量
サインバー	JIS 1 級、呼び寸法 200 mm (幅 30 mm)	1 個
直角定規(台付直角定規)	JIS 1 級	制限なし
ブロックゲージ	JIS 1 級以上	制限なし
スタンド付きてこ式ダイヤルゲージ	目量 0.01 mm	1 個
測定用ローラ	直径 20 mm (既知)、長さ 約 60 mm	1 個
精密定盤	JIS 1 級以上	1 個

注 1. 測定器及び測定用補助具は、正確なものである。
注 2. 寸法又は規格欄について記入のないものは、寸法及び規格は規定しない。
注 3. 測定圧で部品は動かず、測定圧及び重量による部品の変形はないものとする。

問題2

下図に示す部品の角度θ及び、交点径φDの寸法を、部品を作業台に置き、下記の「測定器及び測定用補助具一覧表」の品名に示すものをすべて使用し、その他のものは一切使用しないで測定する場合、その段取り方法、測定方法、角度θ及び交点径φDの寸法を求める計算式を、解答用紙に説明図を用いて解答しなさい。

ただし、部品は下記に示す条件を満足しているものとする。

［条件］

1　中心軸φ25の真円度、円筒度は完全である。

2　C面、D面の平面度は完全で、中心軸φ25の軸心と垂直であり、二面間距離(隙間) 5 mmも完全である。

3　A面、B面のなす円すいは、完全な円すい面であり、その軸心は中心軸φ25と同軸である。

4　角度θは条件2の隙間5 mmの中心にて等分である。

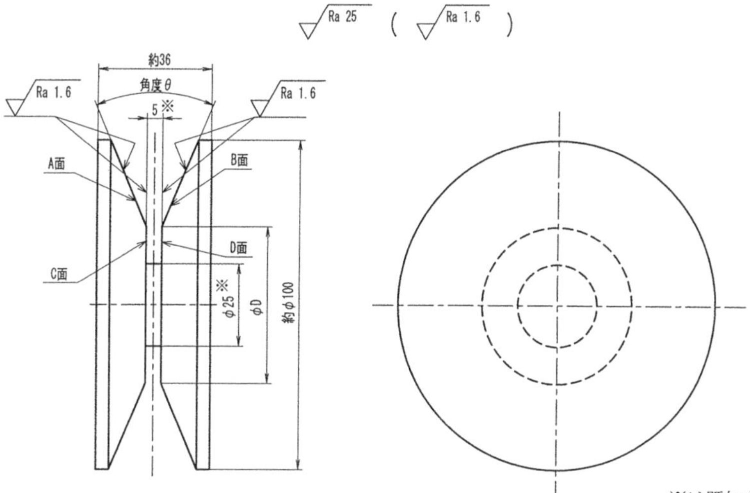

※は既知を表す

測定器及び測定用補助具一覧表

品　　　名	寸 法 又 は 規 格	数　　量
外側マイクロメータ	目量 0.01 mm	制限なし
測定用ローラ(大)	直径 約 24 mm、長さ約 30 mm	2 個 (2 個のローラは同一径である)
測定用ローラ(小)	直径 約 12 mm、長さ約 30 mm	2 個 (2 個のローラは同一径である)

注 1. 測定器及び測定用補助具は、正確なものである。

注 2. 寸法又は規格欄について記入のないものは、寸法及び規格は規定しない。

注 3. 測定圧で部品は動かず、測定圧及び重量による部品の変形はないものとする。

問題 3

ある部品の外径寸法を、加工順に 30 個抜き取って外側マイクロメータで測定した。結果を下記の表に示す。この部品の寸法規格は 10.00±0.05 mm である。なお、下表のデータは左上から右下に向けて、値が小さい順となるよう整理されている。

以下の設問に答えなさい。

測定結果(mm)				
9.96	9.96	9.96	9.97	9.97
9.97	9.97	9.97	9.97	9.97
9.98	9.98	9.98	9.98	9.98
9.98	9.98	9.98	9.98	9.98
9.98	9.98	9.99	9.99	9.99
9.99	10.00	10.00	10.00	10.01

設問 1

解答欄に示す度数表の区間、区間の中心値、度数 f を埋め、度数表を完成させなさい。

ただし、はじめの区間の中心値 X は **9.95** mm、区間の幅は 0.010 mm とし、表中に記載されている区間 10.005 mm 及び 10.055 mm が成立するように作成すること。

なお、度数チェック欄の記入は任意とする。

設問 2

設問 1 の度数表をもとに、ヒストグラムを完成させなさい。

なお、区間(mm)の値は全て記入すること。

設問 3

工程能力指数 C_p 及び C_{pk} を求めなさい。

ただし、標準偏差 σ はすでに算出して 0.012 を求めてあるので、この値を用いること。

また、解答欄に記入する数値は、小数第 3 位を四捨五入し、小数第 2 位まで答えること。

設問 4

設問 2 のヒストグラム及び設問 3 の工程能力指数から、判断されることは次のうちどれか。最も適切なものを一つ選び、解答欄に記号で答えなさい。

記号	判　断
イ	規格を満足しているので、工程を変える必要はない。
ロ	C_p が 1.33 以上であるため、工程を変える必要はない。
ハ	規格の中心に対して分布の偏りがあるため、偏りの対策が必要である。
ニ	規格の幅に対して分布の幅が広いため、小さくなるように対策する必要がある。

令和元年度技能検定
1級　機械検査（機械検査作業）
実技試験（計画立案等作業試験）問題

1　試験時間

2時間

2　注意事項

(1)　係員の指示があるまで、この表紙はあけないでください。
(2)　解答用紙に、受検番号及び氏名を必ず記入してください。
(3)　係員の指示に従って、この試験問題が表紙を含めて 4 ページであることを確認してください。それらに異常がある場合は、黙って手を挙げてください。
(4)　試験開始の合図で始めてください。
(5)　解答は、解答用紙の解答欄に記入してください。
なお、要求している解答以外は記入しないでください。
(6)　試験中は、携帯電話(電卓機能の使用を含む。)等の使用を禁止とします。
(7)　試験中、質問があるときは、黙って手を挙げてください。ただし、試験問題の内容、漢字の読み方等に関する質問にはお答えできません。
(8)　試験終了時刻前に解答ができあがった場合は、黙って手を挙げて、係員の指示に従ってください。
(9)　試験中に手洗いに立ちたいときは、黙って手を挙げて、係員の指示に従ってください。
(10)　試験終了の合図があったら、筆記用具を置き、係員の指示に従ってください。
(11)　試験終了後、解答用紙を提出してください。
(12)　計算等は、解答用紙の余白を使用して行ってください。
(13)　測定方法についての解答のうち、「測定器の油をふく」や「ブロックゲージを密着させる方法」や「測定器の測定力のかけ方」等の測定態度上の事項については、解答する必要はありません。
(14)　解答の説明図はフリーハンドでもよいものとします。

3　試験に使用できる用具等一覧

品名	寸法又は規格	数量	備考
筆記用具		一式	
直定規又は三角定規		適宜	
コンパス又は円定規		適宜	
電子式卓上計算機	電池式(太陽電池式含む)	1	関数電卓可(但し、プログラム機能付きのものは不可)

問題 1

下図に示す部品の角度 θ と、穴 X と穴 Y の中心距離 L1 と、穴 Y の中心と D 面 E 面の交点との距離 L2 を、下記の「測定器及び測定用補助具一覧表」の品名に示すものをすべて使用し、その他のものは一切使用しないで測定する場合、その「段取り方法及び測定方法」並びに「角度 θ 、距離 L1 及び L2 を求める計算式」を、解答用紙に「説明図」を用いて解答しなさい。

ただし、部品は下記に示す条件を満足しているものとする。

［条件］

1　A 面、B 面、D 面、E 面、F 面の平面度は正確である。

2　A 面、B 面、D 面、E 面は F 面に対し直角である。

3　B 面、D 面は A 面に対し直角である。

4　穴 X、穴 Y の軸心は、それぞれ F 面に直角である。

5　穴 X、穴 Y は、同一寸法であり、真円度、円筒度及び軸心の真直度は正確である。

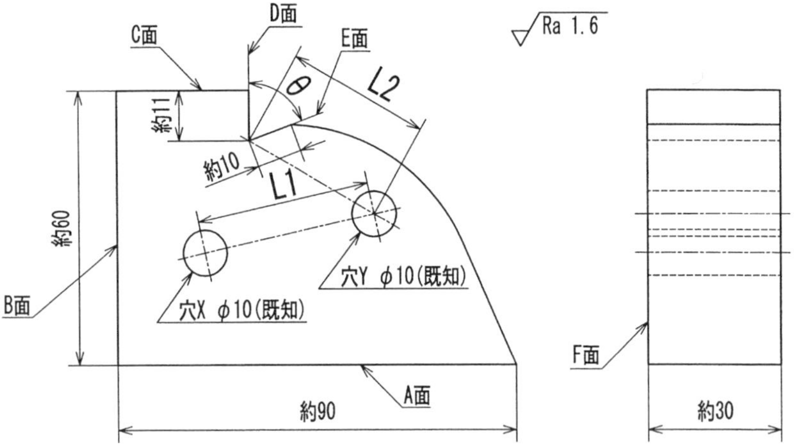

測定器及び測定用補助具一覧表

品　　名	寸 法 又 は 規 格	数　　量
ブロックゲージ	JIS1 級以上	制限なし
スタンド付きてこ式ダイヤルゲージ	目量 0.01mm	1 個
測定用ローラ	直径 10mm（既知）、長さ約 30mm	1 個
	直径 6mm（既知）、長さ約 30mm	1 個
精密定盤	JIS1 級以上	1 個

注 1．測定器及び測定用補助具は、正確なものである。

注 2．寸法又は規格欄について記入のないものは、寸法及び規格は規定しない。

注 3．測定圧で部品は動かず、測定圧及び重量による部品の変形はないものとする。

問題2

下図に示す部品は、A 面が X－X′ を軸心とする円筒面となっており、テーパ穴が軸心 X－X′ に対し角度 θ で傾いた状態で E 面に空いている。この穴のテーパ角度 α と軸心 X－X′ に対する傾き角度 θ を、下記の「測定器及び測定用補助具一覧表」の品名に示すものをすべて使用し、その他のものは一切使用しないで測定する場合、その段取り方法、測定方法及び角度 θ 、α を求める計算式を、解答用紙に説明図を用いて解答しなさい。

ただし、部品は下記に示す条件を満足しているものとする。

［条件］

1 F 面の平面度は正確である。
2 軸心 X－X′ に対し、F 面は直角である。
3 軸心 X－X′ に対し、B 面と C 面は平行である。
4 テーパ穴の軸心は B 面と C 面に対し平行である。
5 テーパ穴の真円度、真直度は完全でテーパ角度 α は約 30° である。

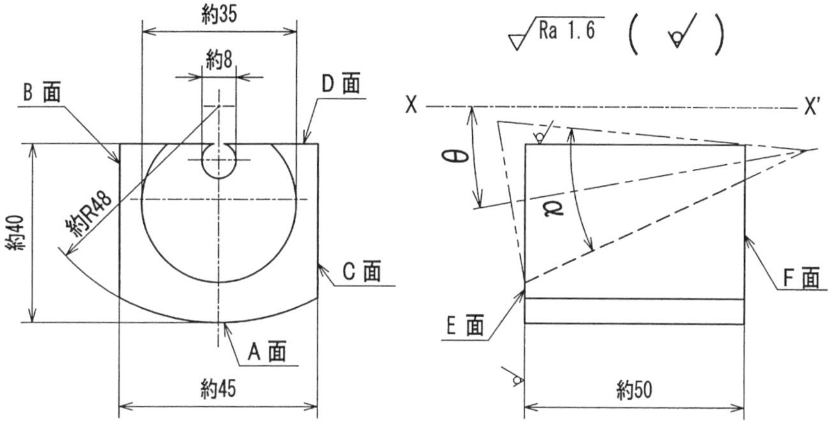

測定器及び測定用補助具一覧表

品　　名	寸　法　又　は　規　格	数　　量
外側マイクロメータ	目量 0.01mm	制限なし
ブロックゲージ	JIS1 級以上	制限なし
スタンド付きてこ式ダイヤルゲージ	目量 0.01mm	1 個
測定用鋼球	球径 12mm (既知)	1 個
	球径 24mm (既知)	1 個
精密定盤	JIS1 級以上	1 個

注 1. 測定器及び測定用補助具は、正確なものである。
注 2. 寸法又は規格欄について記入のないものは、寸法及び規格は規定しない。
注 3. 測定圧で部品は動かず、測定圧及び重量による部品の変形はないものとする。

問題3

ある部品の焼入れ、焼戻し後の硬さは、社内規格で58.0～63.0HRCと定められているが、焼入れ、焼戻し後の硬さがやや低いのではないかと問題提起があった。そこで、問題提起があった部品のサンプルについて硬さ測定を行ったところ下表のようなデータが得られた。なお、下表のデータは左上から右下に向けて、値が大きくなるよう整理されている。

以下の設問に答えなさい。

ある部品の硬さ　　　　(単位 HRC)

57.5	58.0	58.2	58.4	58.8
58.8	58.9	59.0	59.0	59.2
59.3	59.5	59.5	59.6	59.8
60.0	60.0	60.5	60.8	61.6

設問1

このデータに基づいて、（　①　）～（　⑦　）に当てはまる最も適切な数値を、下記の選択肢ア～スの中からそれぞれ一つ選び、解答用紙の解答欄にその記号を記入しなさい。

ただし同じ記号を重複して使用してはならない。

(1) このデータの硬さの最大値は（　①　）で、最小値は（　②　）である。
(2) このデータの硬さの中央値は（　③　）で、平均値は（　④　）である。
(3) 区間の数を6として、ヒストグラムを作成する場合、区間の幅は（　⑤　）となる。
　なお、区間は級とも言う。
(4) 最初の区間の下限境界値は、（　⑥　）である。
(5) 最初の区間の間隔は、（　⑥　）～（　⑦　）である。

【選択肢】

ア　0.5	イ　0.683	ウ　0.7	エ　57.45	オ　57.5
カ　58.0	キ　58.133	ク　58.15	ケ　59.25	コ　59.32
サ　60.5	シ　61.6	ス　63.0		

設問2

設問1を参考に、解答用紙の度数表を完成させなさい。

ただし、区間間隔は数字で、度数チェック欄は斜線　／　で、度数計は度数の合計数を数字で記入しなさい。

設問3

設問 2 の度数表からヒストグラムを作成した場合、問題提起に対して取るべき行動で最も適切なものを、下記ア～エの中から一つ選び、解答用紙の解答欄にその記号を記入しなさい。

ア　社内規格値との比較から、現状を維持すればよい。
イ　ヒストグラムの形が一般型なので現状を維持すればよい。
ウ　ヒストグラムの形がふた山型なので、サンプルデータを取って再評価する。
エ　平均値が低いので硬さを高くする対策を講じ、サンプルデータを取って再評価する。

平成30年度技能検定
1級　機械検査（機械検査作業）
実技試験（計画立案等作業試験）問題

1　試験時間

2時間

2　注意事項

(1)　係員の指示があるまで、この表紙はあけないでください。
(2)　解答用紙に、受検番号及び氏名を必ず記入してください。
(3)　係員の指示に従って、この試験問題が表紙を含めて4ページであることを確認してください。それらに異常がある場合は、黙って手を挙げてください。
(4)　試験開始の合図で始めてください。
(5)　解答は、解答用紙の解答欄に記入してください。
なお、要求している解答以外は記入しないでください。
(6)　試験中は、携帯電話(電卓機能の使用を含む。)等の使用を禁止とします。
(7)　試験中、質問があるときは、黙って手を挙げてください。ただし、試験問題の内容、漢字の読み方等に関する質問にはお答えできません。
(8)　試験終了時刻前に解答ができあがった場合は、黙って手を挙げて、係員の指示に従ってください。
(9)　試験中に手洗いに立ちたいときは、黙って手を挙げて、係員の指示に従ってください。
(10)　試験終了の合図があったら、筆記用具を置き、係員の指示に従ってください。
(11)　試験終了後、解答用紙を提出してください。
(12)　計算等は、解答用紙の余白を使用して行ってください。
(13)　測定方法についての解答のうち、「測定器の油をふく」や「ブロックゲージを密着させる方法」や「測定器の測定力のかけ方」等の測定態度上の事項については、解答する必要はありません。
(14)　解答の説明図はフリーハンドでもよいものとします。

3　試験に使用できる用具等一覧

品名	寸法又は規格	数量	備考
筆記用具		一式	
直定規又は三角定規		適宜	
コンパス又は円定規		適宜	
電子式卓上計算機	電池式(太陽電池式含む)	1	関数電卓可(但し、プログラム機能付きのものは不可)

問題 1

下図に示す部品の角度θ、α及び、A 面と E 面の交線と C 面と F 面の交線との距離 L を、下記の「測定器及び測定用補助具一覧表」の品名に示すものをすべて使用し、その他のものは一切使用しないで測定する場合、その段取り方法、測定方法、角度θ、α及び距離 L を求める計算式を、解答用紙に説明図を用いて解答しなさい。

ただし、部品は下記に示す条件を満足しているものとする。

［条件］

1　G 面以外の各面の平面度は完全である。

2　A 面、B 面、C 面、D 面、E 面、F 面は H 面に対し直角である。

3　A 面に対し C 面は平行である。

4　A 面に対し B 面、D 面は直角である。

5　E 面及び F 面はそれぞれ A 面及び C 面に対し約 30°のこう配である。

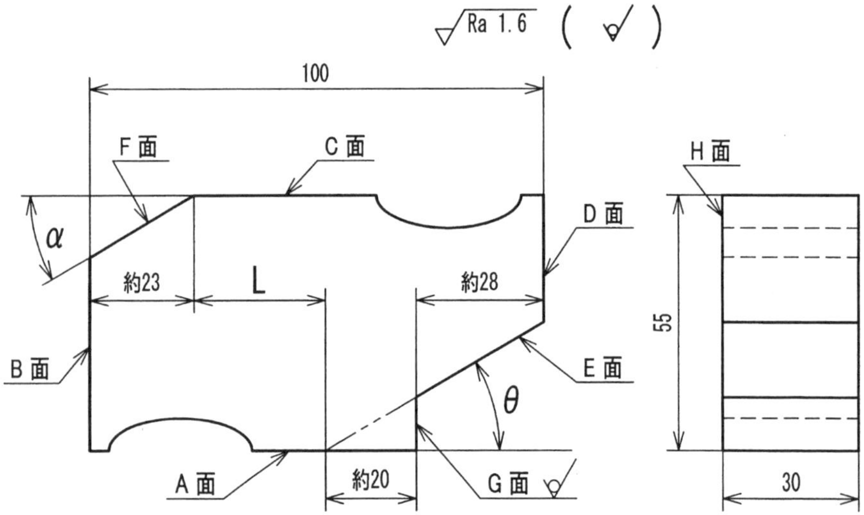

測定器及び測定用補助具一覧表

品　　名	寸 法 又 は 規 格	数　　量
外側マイクロメータ	目量 0.01mm	制限なし
ブロックゲージ	3mm (JIS1 級以上)	1 個
測定用ローラ	直径 10mm (既知)、長さ約 30mm	1 個
	直径 16mm (既知)、長さ約 30mm	1 個
	直径 26mm (既知)、長さ約 30mm	1 個
精密定盤	JIS1 級以上	1 個

注 1．測定器及び測定用補助具は、正確なものである。

注 2．寸法又は規格欄について記入のないものは、寸法及び規格は規定しない。

注 3．測定圧で部品は動かず、測定圧及び重量による部品の変形はないものとする。

問題2

下図に示す部品は、直方体に二つの切り欠きのある部品である。この部品において、B 面と C 面の交線と E 面と F 面の交線との距離 L を、下記の「測定器及び測定用補助具一覧表」の品名に示すものをすべて使用し、その他のものは一切使用しないで測定する場合、その段取り方法、測定方法及び距離 L を求める計算式を、解答用紙に説明図を用いて解答しなさい。

ただし、部品は下記に示す条件を満足しているものとする。

［条件］

1　A 面と D 面は平行である。

2　H 面に対し A 面、B 面、C 面、D 面、E 面、F 面は直角である。

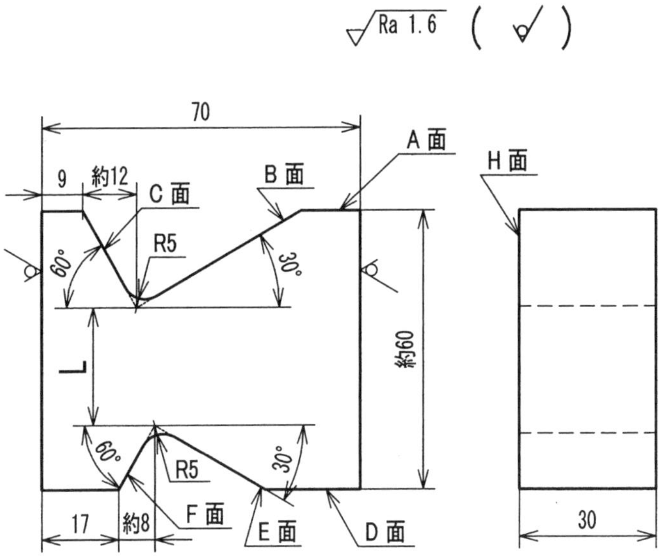

測定器及び測定用補助具一覧表

品　　　名	寸　法　又　は　規　格	数　　　量
ハイトゲージ	目量 0.02mm	1 個
測定用ローラ	直径 20mm（既知）、長さ約 30mm	1 個
精密定盤	JIS1 級以上	1 個

注 1. 測定器及び測定用補助具は、正確なものである。

注 2. 寸法又は規格欄について記入のないものは、寸法及び規格は規定しない。

注 3. 測定圧で部品は動かず、測定圧及び重量による部品の変形はないものとする。

問題 3

下表は、機械加工部品の工程での製品を、毎日製造された部品から、1日を群として1日5個をランダムサンプリングした結果である。
下表を参考に、以下の設問に答えなさい。

群の番号	測定値（mm）					平均値	範囲
	X_1	X_2	X_3	X_4	X_5	$\overline{X}$	R
1	19.96	20.04	20.00	20.06	19.99	20.010	0.10
2	20.04	20.01	19.98	20.00	19.99	20.004	0.06
3	19.99	20.03	20.01	20.02	20.01	20.012	0.04
4	19.97	20.03	19.95	20.02	20.00	19.994	0.08
5	19.97	19.97	19.96	20.04	20.02	19.992	0.08
6	19.99	20.05	19.95	20.01	19.97	19.994	0.10
7	20.03	20.00	20.01	20.00	19.99	20.006	0.04
8	19.98	20.07	20.01	19.96	20.01	20.006	0.11
9	20.05	19.99	19.94	19.94	19.97	19.978	0.11
10	20.00	20.00	19.97	19.96	19.97	19.980	0.04
11	20.04	19.96	20.05	20.01	20.06	20.024	0.10
12	19.94	19.97	19.97	20.00	19.99	19.974	0.06
13	20.03	20.07	19.95	19.96	20.04	20.010	0.12
14	20.05	20.05	20.06	20.03	19.99	20.036	0.07
15	19.93	19.97	20.00	19.98	20.05	19.986	0.12
16	20.00	20.04	20.01	20.02	20.06	20.026	0.06
17	19.96	19.97	20.05	20.04	19.99	20.002	0.09
18	20.07	20.01	19.94	20.00	20.04	20.012	0.13
19	19.95	19.95	19.97	19.99	19.93	19.958	0.06
20	20.05	20.06	19.95	19.98	20.06	20.020	0.11
						20.0012	0.084

設問 1
$\overline{X}$−R 管理図の作成に当たり、以下の表を参考に、下記の(1)〜(5)に当てはまる適切な数値を、解答用紙の解答欄に記入しなさい。ただし、解答は小数第4位を四捨五入し、小数第3位まで求めること。
なお、計算の過程では、丸めた数値を用いないこと。

● $\overline{X}$ 管理図

- CL＝$\overline{\overline{X}}$ ＝ (1)
- UCL＝$\overline{\overline{X}}+A_2 \cdot \overline{R}$ ＝ (2)
- LCL＝$\overline{\overline{X}}-A_2 \cdot \overline{R}$ ＝ (3)

● R 管理図

- CL＝$\overline{R}$ ＝ (4)
- UCL＝$D_4 \cdot \overline{R}$ ＝ (5)

管理限界線を計算するための係数

群の大きさ	A_2	D_3	D_4
2	1.880	−	3.267
3	1.023	−	2.574
4	0.729	−	2.282
5	0.577	−	2.114
6	0.483	−	2.004
7	0.419	0.076	1.924
8	0.373	0.136	1.864
9	0.337	0.184	1.816
10	0.308	0.223	1.777

設問 2
$\overline{X}$−R 管理図を解答用紙の解答欄に作成しなさい。

機械検査

学科試験問題

令和２年度 技能検定
２級 機械検査 学科試験問題
（機械検査作業）

1. 試験時間　1時間 40 分
2. 問題数　50 題(A 群 25 題、B 群 25 題)
3. 注意事項

(1) 係員の指示があるまで、この表紙はあけないでください。

(2) 答案用紙(真偽法と多肢択一法の併用)に検定職種名、作業名、級別、受検番号、氏名を必ず記入してください。

(3) 係員の指示に従って、問題数を確かめてください。それらに異常がある場合は、黙って手を挙げてください。問題はＡ群(真偽法)とＢ群(多肢択一法)とに分かれています。

(4) 試験開始の合図で始めてください。

(5) 解答の方法(真偽法と多肢択一法の併用)は次のとおりです。

イ. A 群の問題(真偽法)は、一つ一つの問題の内容が正しいか、誤っているかを判断して解答してください。

ロ. B 群の問題(多肢択一法)は、正解と思うものを一つだけ選んで、解答してください。二つ以上に解答した場合は誤答となります。

ハ. 答案用紙(マークシート用紙)へ解答する際は、答案用紙に記載されている注意事項に従ってください。

ニ. 答案用紙の解答欄は、A 群の問題と B 群の問題とでは異なります。所定の解答欄に、試験問題の題数に応じて解答してください。解答欄はＡ群は 50 題まで、Ｂ群は 25 題まで解答できるようになっています。

(6) 電子式卓上計算機その他これと同等の機能を有するものは、使用してはいけません。

(7) 携帯電話、スマートフォン、ウェアラブル端末等は、使用してはいけません。

(8) 試験中、質問があるときは、黙って手を挙げてください。ただし、試験問題の内容、漢字の読み方等に関する質問にはお答えできません。

(9) 試験終了時刻前に解答ができあがった場合は、黙って手を挙げて、係員の指示に従ってください。

(10) 試験中に手洗いに立ちたいときは、黙って手を挙げて、係員の指示に従ってください。

(11) 試験終了の合図があったら、筆記用具を置き、係員の指示に従ってください。

［A群（真偽法）］

1 日本産業規格(JIS)によれば、標準偏差とは、測定値から試料平均を引いた値のことである。

2 ダイヤルゲージは、絶対測定器の一種である。

3 日本産業規格(JIS)によれば、ブロックゲージの精度は、測定面の側面から0.8 mmの範囲については適用されない。

4 日本産業規格(JIS)によれば、Vブロックの呼び寸法は、使用できる円筒の最小径で表す。

5 日本産業規格(JIS)によれば、直角定規の使用面の表面粗さは、規定されていない。

6 オプチカルパラレルでは、光の干渉を利用して、精密仕上げ面の平面度や平行度の測定ができる。

7 日本産業規格(JIS)によれば、デプスバーを備えたノギスの深さ測定の指示誤差は、基点のずれによって測定することはできない。

8 レンズの球面精度を検査するには、投影器を使用するとよい。

9 等径ひずみ円の形状は、外側マイクロメータで外径を測定してもわからない。

10 日本産業規格(JIS)によれば、工作機械の騒音試験で計測する音圧レベルの単位は、デシベル(dB)である。

11 放射線透過試験は、材料の内部欠陥の形状や大きさを検査するのに適している。

12 最終検査は、できあがった品物が製品として要求事項を満足しているかどうかの判定を行う検査ではない。

13 1ロット1000 個・抜取り数20 個・合格判定個数(不良品数) 1個と決められた部品の検査を行った結果、不良品が1 個だったので、残り980 個は検査をしないで、このロットを合格とした。

14 品質管理を行う目的は、品質のすぐれた製品を作るためなので、価格には関係がない。

15 是正処置とは、不適合の原因を除去し、再発を防止するための処置である。

［A群（真偽法)］

16 日本産業規格(JIS)によれば、品質保証には、内部品質保証と外部品質保証がある。

17 ハイトゲージは、高さの測定に用いるものであり、けがき作業に用いてはならない。

18 マシン油は、水及び沈殿物を含まない精製鉱油である。

19 金型鋳造品は、一般に、砂型鋳造品よりも鋳肌が滑らかである。

20 マルテンサイト系のステンレスは、オーステナイト系のステンレスに比較して錆《さび》やすい。

21 鋼材のS20CとS50Cの引張強さは等しい。

22 材料の硬さ試験において、HVは、ブリネル硬さを表す記号である。

23 日本産業規格(JIS)によれば、高速度工具鋼鋼材の種類を表す記号として、SKHを用いる。

24 電磁誘導の法則とは、静止している導線の閉じた回路を通過する磁束が変化するとき、その変化を妨げる方向に電流を流そうとする電圧(起電力)が生じることである。

25 三相誘導電動機は、電源周波数が変化しても、回転数は変化しない。

［B群（多肢択一法）］

1　計測用語に関する次の文中の(　　)内に当てはまる語句として、適切なものはどれか。
　測定値から真値を引いた値を(　　)という。
　イ　ばらつき
　ロ　誤差
　ハ　かたより
　ニ　補正値

2　ノギスに関する記述として、誤っているものはどれか。
　イ　M形ノギスには、デプスバーがない。
　ロ　バーニヤ目盛りを備えたアナログ表示の最小読取値は、0.1 mm、0.05 mm又は0.02 mmである。
　ハ　CM形ノギスは、同一のジョウに外側用測定面と内側用測定面を持つ構造である。
　ニ　ノギスには、微動送りのあるものとないものがある。

3　文中の(　　)内に当てはまる組合せとして、正しいものはどれか。
　日本産業規格(JIS)によれば、サインバーの呼び寸法は、(　A　)をもって表し、(　B　)の 2 種類とする。

	（ A ）	（ B ）
イ	ローラの中心距離	100 mm及び200 mm
ロ	ローラの中心距離	200 mm及び300 mm
ハ	測定面の幅	100 mm及び200 mm
ニ	測定面の幅	200 mm及び300 mm

4　文中の(　　)内に当てはまる語句として、適切なものはどれか。
　日本産業規格(JIS)によれば、精密定盤の種類を(　　)の 2 種類と定めている。
　イ　鋳鉄製及び石製
　ロ　鋳鉄製及びセラミック製
　ハ　銅合金製及び石製
　ニ　銅合金製及びセラミック製

5　トースカンに関する記述として、適切なものはどれか。
　イ　2 つの足の先端を工作物に当て、その開きをスケールに合わせて丸棒や穴径などを測る機器である。
　ロ　平行度の測定、けがき作業等に使われる作業工具で、台・支柱・さお・針先・蝶ねじ等からなっている。
　ハ　ジグ・大型部品・複雑形状の部品などを定盤上に置き、定盤の表面を基準として高さを測る測定器である。
　ニ　2 個の直定規と目盛り円盤でできていて、角度を測定するのに用いる。

［B群（多肢択一法）］

6 外側マイクロメータで20.000 mmのブロックゲージを測定したところ、19.995 mmであった。次に、この外側マイクロメータで丸棒を測定したところ、20.004 mmであった。この丸棒の実寸法として、正しいものはどれか。

イ 19.999 mm
ロ 19.991 mm
ハ 20.009 mm
ニ 20.004 mm

7 文中の(　　)内に当てはまる語句として、適切なものはどれか。

日本産業規格(JIS)によれば、(　　)は、読取りに当たって、視線の方向の違いによって生じる誤差と定義されている。

イ 個人誤差
ロ 視差
ハ 許容差
ニ 公差

8 文中の(　　)内に当てはまる数値として、適切なものはどれか。

日本産業規格(JIS)によれば、シリンダゲージの有効測定範囲は、一般には、測定子を(　　) mm押し込んだ位置を基点とし、更に1.2 mm押し込んだ位置までの範囲と規定されている。

イ 0.05
ロ 0.1
ハ 0.5
ニ 1.0

9 日本産業規格(JIS)によれば、ダイヤルゲージの性能検査項目として、規定されていないものはどれか。

イ 戻り誤差
ロ 繰返し精密度
ハ 全測定範囲指示誤差
ニ 測定子の平面度

10 硬さ試験に関する次の文中の(　　)内に当てはまる語句として、適切なものはどれか。

対面角136° の正四角すいのダイヤモンド圧子を一定の試験力で試料の試験片の試験面に押し込み、生じた永久くぼみの大きさから、試験片の硬さを測定する試験を(　　)硬さ試験という。

イ ロックウェル
ロ ビッカース
ハ ブリネル
ニ ショア

［B群（多肢択一法）］

11 日本産業規格(JIS)で、直立ボール盤の静的精度検査項目として、規定されていないものはどれか。

イ 主軸テーパ穴の振れ

ロ テーブル上面の粗さ

ハ テーブル上面と主軸頭の上下運動との直角度

ニ テーブル上面の平面度

12 非破壊試験に属さないものはどれか。

イ 放射線透過試験

ロ 超音波探傷試験

ハ 浸透深傷試験

ニ 衝撃試験

13 統計的品質管理を表す略号はどれか。

イ CWQC

ロ TQC

ハ PLP

ニ SQC

14 文中の(　　)内に当てはまる語句として、適切なものはどれか。

項目別に層別して、出現頻度の大きさの順に並べるとともに、累積和を示した図を(　　)という。

イ パレート図

ロ 度数分布

ハ 散布図

ニ 層別

15 次のうち、不適合数の管理図として最も適切なものはどれか。

イ c 管理図

ロ p 管理図

ハ np 管理図

ニ $\overline{X}$−R 管理図

16 ねじに関する記述として、適切なものはどれか。

イ 台形ねじの 1 回転あたりの進みをリードといい、三角ねじではピッチという。

ロ 二条ねじの 1 回転の進みはピッチである。

ハ 台形ねじと三角ねじでは、リードが同じでも 1 回転あたりの進みは違う。

ニ 二条ねじのリードはピッチの 2 倍である。

［Ｂ群（多肢択一法）］

17　旋盤に関する次の文中の(　　)内に当てはまる語句として、正しいものはどれか。

垂直面内にある主軸に取り付けたテーブル上に工作物を取り付け、刃物台をコラム又はクロスレールに沿って送り切削する旋盤を、(　　)という。

イ　正面旋盤

ロ　立て旋盤

ハ　ロール旋盤

ニ　タレット旋盤

18　研削といしに関する記述として、適切なものはどれか。

イ　結合度の低いといしほど強度が高い。

ロ　組織は小さいといしほど粗い。

ハ　粒度はその数値が小さいほど粗い。

ニ　結合度のZは、最も軟らかいといしである。

19　硬度が高く、耐摩耗部分のめっきに最も適しているめっき方法はどれか。

イ　工業用クロムめっき

ロ　銅めっき

ハ　インジウムめっき

ニ　亜鉛めっき

20　文中の(　　)内に当てはまる語句として、適切なものはどれか。

金属製品を所定の高温より急冷して硬化させる熱処理のことを(　　)という。

イ　焼入れ

ロ　焼なまし

ハ　焼ならし

ニ　焼戻し

21　金属材料引張試験方法の試験項目に、含まれていないものはどれか。

イ　伸び

ロ　降伏点

ハ　硬さ

ニ　耐力

22　長さ5 mの棒の下端におもりを吊るしたところ、0.2 cm伸びた。このときのひずみはどれか。

イ　0.0001

ロ　0.0004

ハ　0.01

ニ　0.04

［B群（多肢択一法）］

23　日本産業規格(JIS)に規定している[幾何特性]とその[記号]の組合せとして、誤っているものはどれか。

[幾何特性]	[記号]
イ　真円度	○
ロ　平面度	▱
ハ　平行度	
ニ　位置度	⌖

24　下図の電気回路において、回路に流れる電流 I の値として、正しいものはどれか。

イ　0.66 A
ロ　0.75 A
ハ　1.0 A
ニ　1.33 A

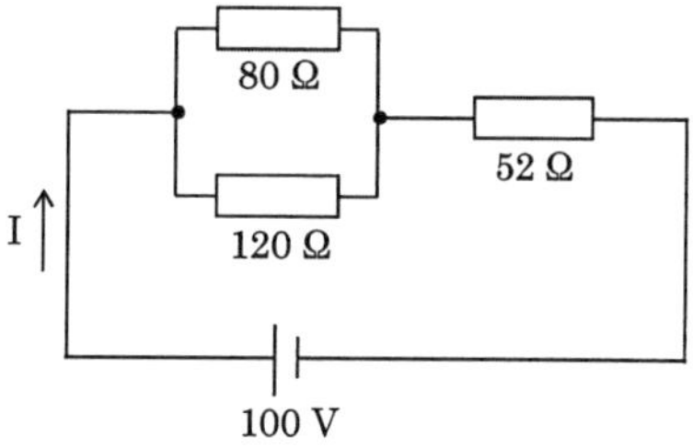

25　労働安全衛生法関係法令によれば、安全委員会は、ある項目を調査審議し事業者に意見を述べなければならないが、その項目として、定められていないものはどれか。

イ　労働者の危険を防止するための基本となるべき対策に関すること
ロ　労働災害の原因及び再発防止対策で安全に係るものに関すること
ハ　労働者の危険防止に関する重要事項
ニ　衛生教育の実施計画の作成に関すること

令和元年度 技能検定

2級　機械検査　学科試験問題

(機械検査作業)

1. 試験時間　1時間40分
2. 問題数　50題(A群25題、B群25題)
3. 注意事項

(1)　係員の指示があるまで、この表紙はあけないでください。

(2)　答案用紙(真偽法と多肢択一法の併用)に検定職種名、作業名、級別、受検番号、氏名を必ず記入してください。

(3)　係員の指示に従って、問題数を確かめてください。それらに異常がある場合は、黙って手を挙げてください。問題はA群(真偽法)とB群(多肢択一法)とに分かれています。

(4)　試験開始の合図で始めてください。

(5)　解答の方法(真偽法と多肢択一法の併用)は次のとおりです。

イ.　A群の問題(真偽法)は、一つ一つの問題の内容が正しいか、誤っているかを判断して解答してください。

ロ.　B群の問題(多肢択一法)は、正解と思うものを一つだけ選んで、解答してください。二つ以上に解答した場合は誤答となります。

ハ.　答案用紙(マークシート用紙)へ解答する際は、答案用紙に記載されている注意事項に従ってください。

ニ.　答案用紙の解答欄は、A群の問題とB群の問題とでは異なります。所定の解答欄に、試験問題の題数に応じて解答してください。解答欄はA群は50題まで、B群は25題まで解答できるようになっています。

(6)　電子式卓上計算機その他これと同等の機能を有するものは、使用してはいけません。

(7)　携帯電話等は、使用してはいけません。

(8)　試験中、質問があるときは、黙って手を挙げてください。ただし、試験問題の内容、漢字の読み方等に関する質問にはお答えできません。

(9)　試験終了時刻前に解答ができあがった場合は、黙って手を挙げて、係員の指示に従ってください。

(10)　試験中に手洗いに立ちたいときは、黙って手を挙げて、係員の指示に従ってください。

(11)　試験終了の合図があったら、筆記用具を置き、係員の指示に従ってください。

[A群(真偽法)]

1　日本工業規格(JIS)によれば、目量とは、目幅に対応する測定量の大きさのことである。

2　日本工業規格(JIS)によれば、デプスゲージは、バーニヤ目盛の読取りだけを規定している。

3　日本工業規格(JIS)によれば、すきまゲージのリーフ形状には2種類ある。

4　日本工業規格(JIS)によれば、Vブロックの等級は1級、2級及び3級と定めている。

5　30mmのブロックゲージを測定すると29.97mmと読みがでる外側マイクロメータで、丸棒を測定して30.23mmと読みがでた場合、この丸棒の実寸法は30.26mmと推定される。

6　三相誘導電動機においては、周波数が変化すれば回転速度も変化する。

7　日本工業規格(JIS)によれば、外側マイクロメータの指示値の最大許容誤差は、測定範囲50～75mmでは、±0.01mmである。

8　三針法は、めねじの有効径を測定する方法である。

9　日本工業規格(JIS)によれば、鋼製の巻尺には、呼び寸法0.5mから200mのものについて規定がある。

10　工作機械の騒音レベルの単位はデシベル(dB)である。

11　軸を切断したところ内部に欠陥が見られたので、同一ロットの鋼材を磁粉探傷法で検査し、異常がないため問題ないと判断した。

12　日本工業規格(JIS)によれば、品質マネジメントシステムにおいて、組織は、不適合製品を顧客要望等で特別採用を求められても、出荷又は合格の許可をすることはできない。

13　浸炭焼入れにより焼割れが発見された場合、そのまま溶接で補修せず、よく調査して対応策を決めるとよい。

14　p管理図とは、工程を不良個数によって管理するための管理図のことであり、測定対象の数が同じでないと使用できない計量管理図である。

15　ある品物の寸法精度についてヒストグラムを作成し、正規分布を示した場合には、不良の発生する確率はないと判断してよい。

[A群(真偽法)]

16　日本工業規格(JIS) によると、是正処置とは、不適合の原因を除去し、再発を防止するための処置をいう。

17　日本工業規格(JIS)によれば、手作業で仕上げるときに使用する組やすりの目の種類は、荒目、中目、細目の3種類と規定されている。

18　低速で重荷重の軸受に使用される潤滑油は、粘度の高いものがよい。

19　ワイヤ放電加工機とは、黄銅、銅、タングステン、モリブデンなどの細いワイヤを巻き取りながら、これを電極として数値制御により送りをかけ、輪郭をくり抜いて加工する機械のことである。

20　鋳鉄は、鋼より炭素含有率が低い。

21　焼入れする部品を箱に入れ、炉中でアンモニアガスを通しながら、加熱するのがガス浸炭法である。

22　ビッカース硬さ試験機では、鋼球の圧子を用いる。

23　機械構造用炭素鋼の鋼材記号S45Cの45は、炭素含有量を表す。

24　2Ωの抵抗を2個直列に接続して100Vの電圧を加えれば、その回路には25Aの電流が流れる。

25　電流計により電流を測る場合、測定電流の流れる回路に並列に接続する。

[B群(多肢択一法)]

1　日本工業規格(JIS)によれば、突き止められない原因によって起こり、測定値のばらつきとなって現れる誤差として規定されているものは、次のうちどれか。
イ　偶然誤差
ロ　系統誤差
ハ　視差
ニ　機械誤差

2　文中の(　　)内に当てはまる語句として、適切なものはどれか。
日本工業規格(JIS)によれば、精密水準器において、主気泡管には、ゼロ点調節装置を備え、水平に置いたとき(　　)目盛以内で気泡の位置調整ができることと規定されている。
イ　1/5
ロ　1/10
ハ　1/15
ニ　1/20

3　めねじ有効径の通り側検査をする場合に用いられる、ねじ用限界ゲージのゲージ記号のうち、正しいものはどれか。
イ　GR
ロ　NR
ハ　GP
ニ　NP

4　文中の(　　)内に当てはまる語句として、適切なものはどれか。
日本工業規格(JIS)によれば、精密定盤の等級は、使用面の(　　)によって0級、1級及び2級の3等級がある。
イ　直角度
ロ　平面度
ハ　表面粗さ
ニ　剛性

5　日本工業規格(JIS)によれば、ハイトゲージの精度について規定されていないものはどれか。
イ　高さ測定誤差
ロ　ベース基準面の平面度
ハ　柱の二面の平行度
ニ　ベース基準面とスクライバ測定面との平行度

[Ｂ群(多肢択一法)]

6　ピッチ1.25mmのおねじの有効径を三針法で測定する場合の最適な針の呼び径はどれか。

イ　0.346mm

ロ　0.722mm

ハ　1.155mm

ニ　2.598mm

7　長尺端度器の測定に関するエアリー点として、正しいものはどれか。

イ　両端面が平行となるように支持する支点。

ロ　中央及び両端が同一高さになるように支持する支点。

ハ　中央のたわみを最小限にする支点。

ニ　全長の誤差が最小となるように支持する支点。

8　日本工業規格(JIS)によれば、サインバーの精度測定方法において、測微器及び精密なVブロック(90°)を用いて測定する項目はどれか。

イ　測定面の平面度

ロ　ローラの真直度

ハ　ローラの中心距離

ニ　ローラの直径差

9　日本工業規格(JIS)に規定されているマイクロメータの性能のうち、誤っているものはどれか。

イ　測定面の平行度は、測定範囲により異なる。

ロ　測定面の平面度は、測定範囲によらず一定である。

ハ　スピンドルの送り誤差は、測定範囲によらず一定である。

ニ　測定力は、測定範囲によらず一定である。

10　日本工業規格(JIS)によると、表面性状パラメータのRtについて正しいものはどれか。

イ　粗さ曲線の最大断面高さ

ロ　最大高さ粗さ

ハ　粗さ曲線要素の平均高さ

ニ　粗さ曲線の最大谷深さ

11　日本工業規格(JIS)における、ラジアルボール盤の静的精度検査にダイヤルゲージ及びテストバーを使用する検査項目として、正しいものはどれか。

イ　ベース上面の平面度

ロ　主軸テーパ穴の振れ

ハ　アームの旋回運動とベース上面の平行度

ニ　主軸中心線とベース上面の直角度

[B群(多肢択一法)]

12　次のうち、非破壊試験に属さないものはどれか。

イ　渦電流探傷試験
ロ　シャルピー衝撃試験
ハ　浸透深傷試験
ニ　超音波探傷試験

13　日本工業規格(JIS)において、総合信頼性用語として規定されていないものはどれか。

イ　信頼性指数
ロ　信頼水準
ハ　信頼性実証
ニ　信頼性評価

14　文中の(　　)内に当てはまる語句として、適切なものはどれか。

計数データを収集する際に、分類項目のどこに集中しているかなどを見やすくした表又は図のことを(　　)という。

イ　層別
ロ　ヒストグラム
ハ　散布図
ニ　チェックシート

15　管理図の管理線の名称として、誤っているものはどれか。

イ　上側管理限界線
ロ　中央管理限界線
ハ　中心線
ニ　下側管理限界線

16　はすば歯車に関する記述のうち、正しいものはどれか。

イ　歯筋はまっすぐで、直交する2本の軸間に回転運動を伝えるもの。
ロ　平歯車のピッチ円半径を無限大にしたもの。
ハ　基準歯すじがつるまき線である円筒歯車。
ニ　歯車の2軸が交わるもの。

17　文中の(　　)内に当てはまる語句として、適切なものはどれか。

歯車形削り盤における、内歯歯車の歯切り加工には(　　)が適している。

イ　ラックカッタ
ロ　ピニオンカッタ
ハ　ホブ
ニ　シェービングカッタ

［B群(多肢択一法)］

18　研削といしに関する記述のうち、誤っているものはどれか。
　イ　黒色炭化けい素系と粒は、非鉄金属の研削に適している。
　ロ　粒度は、その数値が大きいほど粗い。
　ハ　結合度の大きいといしほど、強度が高い。
　ニ　最高使用周速度とは、安全に使用できる最高限度の周速度のことである。

19　次のうち、電気めっきに当てはまらないものはどれか。
　イ　電気亜鉛めっき
　ロ　溶融亜鉛めっき
　ハ　工業用クロムめっき
　ニ　装飾用銀めっき

20　浸炭処理の説明として、正しいものはどれか。
　イ　鋼製品の表面層の炭素量を増加させるために、浸炭剤中で加熱する処理
　ロ　鋼製品の内部の炭素量を増加させるために、浸炭剤中で加熱する処理
　ハ　鋼製品の表面層の炭素量を減少させるために、浸炭剤中で加熱する処理
　ニ　鋼製品の内部の炭素量を減少させるために、浸炭剤中で加熱する処理

21　日本工業規格(JIS)「金属材料引張試験方法」によれば、鉄鋼の引張試験に関する記述のうち、正しいものはどれか。
　イ　引張強さの測定のみを行う。
　ロ　必ず硬度測定を行う。
　ハ　引張強さのほか、耐力、降伏点などの評価に用いられる。
　ニ　伸びの測定はしない。

22　文中の(　　)内に当てはまる語句として、正しいものはどれか。
　一般に、クリープ破壊とは、高温下において材料が長時間にわたって外力を受け、時間とともに(　　)変形が増大して生じる破壊現象。
　イ　靭性
　ロ　脆性
　ハ　塑性
　ニ　弾性

23　真直度公差0.1mmを表す図示方法はどれか。
　イ　|○|0.1|
　ロ　|⊥|0.1|
　ハ　|―|0.1|
　ニ　|◎|0.1|

[B群(多肢択一法)]

24　コンデンサを図のように並列接続したときの合成静電容量はいくらか。

イ　2μF
ロ　4μF
ハ　6μF
ニ　8μF

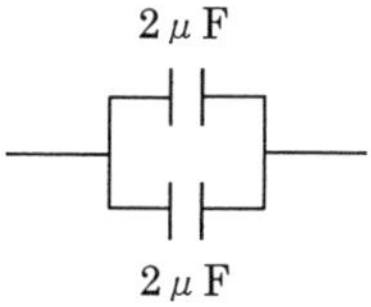

25　文中の(　　)内に当てはまる語句として、適切なものはどれか。

労働安全衛生規則では、研削といしの覆いについて、次のとおり規定している。

回転中の研削といしが労働者に危険を及ぼすおそれのある時は、覆いを設けなければならない。ただし、直径が(　　)の研削といしについては、この限りでない。

イ　10ミリメートル未満
ロ　50ミリメートル未満
ハ　100ミリメートル未満
ニ　200ミリメートル未満

平成 30 年度 技能検定

2 級　機械検査　学科試験問題

(機械検査作業)

1. 試験時間　1 時間 40 分
2. 問題数　50 題(A 群 25 題、B 群 25 題)
3. 注意事項

(1)　係員の指示があるまで、この表紙はあけないでください。

(2)　答案用紙(真偽法と多肢択一法の併用)に検定職種名、作業名、級別、受検番号、氏名を必ず記入してください。

(3)　係員の指示に従って、問題数を確かめてください。それらに異常がある場合は、黙って手を挙げてください。問題は A 群(真偽法)と B 群(多肢択一法)とに分かれています。

(4)　試験開始の合図で始めてください。

(5)　解答の方法(真偽法と多肢択一法の併用)は次のとおりです。

イ.　A 群の問題(真偽法)は、一つ一つの問題の内容が正しいか、誤っているかを判断して解答してください。

ロ.　B 群の問題(多肢択一法)は、正解と思うものを一つだけ選んで、解答してください。二つ以上に解答した場合は誤答となります。

ハ.　答案用紙(マークシート用紙)へ解答する際は、答案用紙に記載されている注意事項に従ってください。

ニ.　答案用紙の解答欄は、A 群の問題と B 群の問題とでは異なります。所定の解答欄に、試験問題の題数に応じて解答してください。解答欄は A 群は 50 題まで、B 群は 25 題まで解答できるようになっています。

(6)　電子式卓上計算機その他これと同等の機能を有するものは、使用してはいけません。

(7)　携帯電話等は、使用してはいけません。

(8)　試験中、質問があるときは、黙って手を挙げてください。ただし、試験問題の内容、漢字の読み方等に関する質問にはお答えできません。

(9)　試験終了時刻前に解答ができあがった場合は、黙って手を挙げて、係員の指示に従ってください。

(10)　試験中に手洗いに立ちたいときは、黙って手を挙げて、係員の指示に従ってください。

(11)　試験終了の合図があったら、筆記用具を置き、係員の指示に従ってください。

[A群(真偽法)]

1　DA変換とは、ディジタル信号をアナログ信号に変換することである。

2　日本工業規格(JIS)によれば、サインバーの呼び寸法は、ローラの中心距離で表す。

3　日本工業規格(JIS)によれば、メートル並目ねじ用限界ゲージにおいて、記号NRは固定式通り側ねじリングゲージを意味する。

4　Vブロックは、簡易的な真円度の測定にダイヤルゲージとともに使用される。

5　オプチカルパラレルでは、光波干渉による平面度及び平行度の測定ができる。

6　外側マイクロメータの温度が被測定物の温度より高い場合、マイクロメータの読みは、被測定物の実寸法より小さくなる。

7　日本工業規格(JIS)によれば、デプスバーを備えたノギスの深さ測定の指示誤差は、基点のずれによって測定することはできない。

8　レンズの球面精度を検査するには、投影器を使用するとよい。

9　おねじをねじ用限界ゲージで検査するとき、通り側ねじリングゲージが入るなら、いかなる場合でも止り側には入らない。

10　工作機械の精度検査を実施するには、工作機械を水準器等により水平に据え付けた状態で行う。

11　日本工業規格(JIS)で規定される「鋼管の自動超音波探傷検査方法」では、超音波探傷装置の感度確認時期については規定していない。

12　工程間検査は、前の製造工程が終わって、次の製造工程に移る間に行われる。

13　1ロット1000個・抜取り数20個・合格判定個数（不良品数）1個と決められた部品の検査を行った結果、不良品が1個であったので残り980個は検査をしないで、このロットを合格とした。

14　偶然原因とは、製品の品質がばらつく原因の中で、どうしても取り除かなければならない原因のことである。

15　管理図の点の並び方が7点連続して上昇、又は下降の傾向を示す場合、点が管理限界線の内側にあれば正常と判定してもよい。

［A群(真偽法)］

16　日本工業規格(JIS)によれば、品質保証には、内部品質保証と外部品質保証がある。

17　日本工業規格(JIS)によれば、手作業で仕上げるときに使用する組やすりの目の種類として中目、細目及び油目の3種類が規定されている。

18　グリース潤滑は、一般に、高速回転のものによく使われる。

19　金型鋳造品は、一般的に、砂型鋳造品より鋳肌が滑らかである。

20　アルミニウムと銅を比較すると、銅のほうが熱伝導率が高い。

21　焼もどしの主な目的は、焼入れた材料を焼き入れ前の硬さにもどすことである。

22　材料の硬さ試験において、ブリネル硬さを表す記号はHBWである。

23　日本工業規格(JIS)によれば、ねじの表し方において、G1/2は管用平行おねじを表す。

24　4Ωの抵抗を2個直列に接続して100Vの電圧を加えれば、その回路には50Aの電流が流れる。

25　停止している誘導電動機を直入れ始動法により始動させるときには、誘導電動機の定格電流の数倍の電流が流れる。

[B群(多肢択一法)]

1　長さ測定におけるアッベの原理に反している測定器はどれか。
　イ　外側マイクロメータ
　ロ　ノギス
　ハ　デプスゲージ
　ニ　ねじマイクロメータ

2　ノギスに関する記述のうち、誤っているものはどれか。
　イ　M形ノギスには、デプスバーがない。
　ロ　バーニヤ目盛りを備えたアナログ表示の最小読取値は、0.1mm、0.05mm又は0.02mmである。
　ハ　CM形ノギスは、同一のジョウに外側用測定面と内側用測定面を持つ構造である。
　ニ　ノギスには、微動送りのあるものとないものがある。

3　文中の(　　)に当てはまる数値として、正しいものはどれか。
本尺の目量が1mmのノギスにおいて、バーニヤ目盛が本尺の19mmを(　　)等分する場合の最小読み取り値は、0.05mmである。
　イ　5
　ロ　10
　ハ　15
　ニ　20

4　トースカンに関する記述のうち、正しいものはどれか。
　イ　2つの足の先端を工作物に当てて、その開きをスケールに合わせて丸棒や穴径などを測る機器である。
　ロ　平行度の測定、けがき作業に使われる作業工具で、台・支柱・さお・針先・蝶ねじ等からなっている。
　ハ　ジグ・大型部品・複雑形状の部品などを定盤上に置き、定盤の表面を基準として高さを測る測定器である。
　ニ　2個の直定規と目盛り円盤でできていて、角度を測定するのに用いる。

5　日本工業規格(JIS)によれば、テストバーに関する記述のうち、誤っているものはどれか。
　イ　工作機械や測定機器などの平行度、真直度、回転軸の振れなどを調べる静的精度試験に用いる。
　ロ　形状及び寸法について、詳細に規定されている。
　ハ　テーパシャンク付きは、モールステーパのみ規定されている。
　ニ　品質に関する規定には、真円度、円筒度、振れなどがある。

[Ｂ群(多肢択一法)]

6　日本工業規格(JIS)で規定している幾何公差の特性とその記号の組合せのうち、誤っているものはどれか。

	特性	記号
イ	真直度	⌯
ロ	平面度	▱
ハ	真円度	○
ニ	位置度	⌖

7　長尺端度器の測定に関するエアリー点として、正しいものはどれか。

イ　中央のたわみを最小限にする。

ロ　支点は必ず3点である。

ハ　両端面が平行となるように支持する支点である。

ニ　中心軸の長さを最小限にする。

8　日本工業規格(JIS)によれば、外側マイクロメータの精度検査に関する記述のうち、誤っているものはどれか。

イ　75mmまでの外側マイクロメータの全測定面接触による指示値の最大許容誤差は、±2μmである。

ロ　500mmの外側マイクロメータでは全測定面接触による指示値の最大許容誤差は、±20μmである。

ハ　全測定面接触誤差の測定方法は、ブロックゲージを測定面間に挟み、定圧装置を使用してマイクロメータの指示値からブロックゲージの寸法を減じて求める。

ニ　測定力の測定には、ロードセル又ははかりを使用する。

9　日本工業規格(JIS)によれば、ダイヤルゲージの性能検査項目として、規定されていないものはどれか。

イ　戻り誤差

ロ　繰返し精密度

ハ　全測定範囲指示誤差

ニ　測定子の平面度

10　図示記号 ⫽ | 0.040 | B に関する記述のうち、正しいものはどれか。

イ　平行度を表し、基準Bに対しての幾何公差0.040以内を示している。

ロ　円筒度を表し、基準Bに対しての幾何公差0.040以内を示している。

ハ　平行度を表し、その部位の寸法公差が0.040以内であることを示している。

ニ　平行度を表し、その部位の振れ公差が0.040以内であることを示している。

［B群(多肢択一法)］

11　日本工業規格(JIS)によれば、旋盤の静的精度検査項目として、規定されていないものはどれか。

イ　主軸センタの振れ

ロ　ベッド滑り面の真直度

ハ　主軸中心線の振れ

ニ　ベッド滑り面の面粗さ

12　日本工業規格(JIS)によれば、欠陥検査として行われる放射線透過試験に用いる放射線はどれか。

イ　α線又はβ線

ロ　β線又はγ線

ハ　X線又はα線

ニ　X線又はγ線

13　正規分布に関する記述のうち、正しいものはどれか。

イ　標準偏差σに対し平均値$\pm 2\sigma$の領域内に約68%が入る。

ロ　標準偏差σに対し平均値$\pm 2\sigma$の領域内に約78%が入る。

ハ　標準偏差σに対し平均値$\pm 2\sigma$の領域内に約95%が入る。

ニ　標準偏差σに対し平均値$\pm 2\sigma$の領域内に約99%が入る。

14　特定の結果と原因系の関係を系統的に表した図は、次のうちどれか。

イ　特性要因図

ロ　パレート図

ハ　ヒストグラム

ニ　工程能力図

15　管理図に関する次の記述の(　　)内に当てはまる語句として、適切なものはどれか。

試料の大きさがいつも一定の場合に試料中の不適合数(欠点数)で管理するときには、(　　)管理図を適用する。

イ　$\overline{X}-R$

ロ　np

ハ　c

ニ　u

[B群(多肢択一法)]

16　ねじの用語に関する次の記述の(　　)内に当てはまる語句として、正しいものはどれか。

(　　)とは、ねじ溝の幅が、ねじ山の幅に等しくなるような仮想的な円筒(又は円すい)の直径のことである。

イ　ピッチ円直径

ロ　有効径

ハ　基礎円直径

ニ　リード

17　旋盤に関する次の記述の(　　)内に当てはまる語句として、正しいものはどれか。

垂直面内にある主軸に取り付けたテーブル上に工作物を取り付け、刃物台をコラム又はクロスレールに沿って送り切削する旋盤を(　　)旋盤という。

イ　正面

ロ　立て

ハ　ロール

ニ　タレット

18　構成刃先の発生原因として、誤っているものはどれか。

イ　切削温度が工作物の再結晶温度以下である。

ロ　工作物材質と工具材質の親和性が低い。

ハ　潤滑性能が低く、冷却性能が高い切削油剤を使用している。

ニ　すくい角が小さい。

19　表面処理に関する記述のうち、誤っているものはどれか。

イ　溶融めっき法は、めっきしようとする物を溶融金属中に浸せきして、表面に金属皮膜を形成する方法である。

ロ　ニッケルめっきは、ニッケルイオンを含む電解質に直流電流を流して、陽極上に金属ニッケルを析出させる処理である。

ハ　金属溶射は、溶融金属を吹付けて皮膜を形成する方法である。

ニ　電気めっき法は、金属又は非金属表面に金属を電気化学的に析出(電着)させる方法である。

20　鉄鋼材料の熱処理に関する記述のうち、正しいものはどれか。

イ　焼入れは、高温にした鉄鋼材料を炉冷すればよい。

ロ　S45Cは、焼入れが可能である。

ハ　鋼はマルテンサイト組織まで加熱した後、急冷することでオーステナイト組織となる。

ニ　焼戻しは、約950℃で行う。

［B群(多肢択一法)］

21　文中の(　　)内に当てはまる語句として、適切なものはどれか。
ダイヤモンドハンマを一定の高さから落下させ、その跳ね上がり高さをもとにして硬さを測る方法を(　　)硬さ試験という。

イ　ブリネル
ロ　ロックウェル
ハ　ビッカース
ニ　ショア

22　文中の(　　)内に当てはまる語句として、適切なものはどれか。
材料を横から(　　)ように働く荷重をせん断荷重という。

イ　引き伸ばす
ロ　押し縮める
ハ　はさみ切る
ニ　ねじる

23　文中の（　　　）内に当てはまる記号として、適切なものはどれか。
製図の溶接部を表す記号で抵抗スポット溶接は（　　　）である。
なお、破線は基線を示す。

イ　ロ　ハ　ニ

24　文中の(　　)内に当てはまる語句の組合せとして、正しいものはどれか。
電気回路では、電流計は負荷に(　①　)に、電圧計は(　②　)になるように接続する。

	①	②
イ	直列	直列
ロ	並列	並列
ハ	直列	並列
ニ	並列	直列

25　労働安全衛生関係法令によれば、安全委員会は、ある項目を調査審議し事業者に意見を述べなければならないが、その項目として、定められていないものはどれか。

イ　労働者の危険を防止するための基本となるべき対策に関すること
ロ　労働災害の原因及び再発防止対策で安全に係るものに関すること
ハ　労働者の危険防止に関する重要事項
ニ　衛生教育の実施計画の作成に関すること

令和２年度 技能検定
１級 機械検査 学科試験問題
（機械検査作業）

1. 試験時間　1時間40分
2. 問題数　50題(A群25題、B群25題)
3. 注意事項

(1)　係員の指示があるまで、この表紙はあけないでください。

(2)　答案用紙(真偽法と多肢択一法の併用)に検定職種名、作業名、級別、受検番号、氏名を必ず記入してください。

(3)　係員の指示に従って、問題数を確かめてください。それらに異常がある場合は、黙って手を挙げてください。問題はA群(真偽法)とB群(多肢択一法)とに分かれています。

(4)　試験開始の合図で始めてください。

(5)　解答の方法(真偽法と多肢択一法の併用)は次のとおりです。

イ.　A群の問題(真偽法)は、一つ一つの問題の内容が正しいか、誤っているかを判断して解答してください。

ロ.　B群の問題(多肢択一法)は、正解と思うものを一つだけ選んで、解答してください。二つ以上に解答した場合は誤答となります。

ハ.　答案用紙(マークシート用紙)へ解答する際は、答案用紙に記載されている注意事項に従ってください。

ニ.　答案用紙の解答欄は、A群の問題とB群の問題とでは異なります。所定の解答欄に、試験問題の題数に応じて解答してください。解答欄はA群は50題まで、B群は25題まで解答できるようになっています。

(6)　電子式卓上計算機その他これと同等の機能を有するものは、使用してはいけません。

(7)　携帯電話、スマートフォン、ウェアラブル端末等は、使用してはいけません。

(8)　試験中、質問があるときは、黙って手を挙げてください。ただし、試験問題の内容、漢字の読み方等に関する質問にはお答えできません。

(9)　試験終了時刻前に解答ができあがった場合は、黙って手を挙げて、係員の指示に従ってください。

(10)　試験中に手洗いに立ちたいときは、黙って手を挙げて、係員の指示に従ってください。

(11)　試験終了の合図があったら、筆記用具を置き、係員の指示に従ってください。

［A群（真偽法）］

1 日本産業規格(JIS)によれば、合成誤差とは、種々の要因によって生じる誤差成分の全てを含めた総合的な誤差のことである。

2 日本産業規格(JIS)によれば、サインバーの呼び寸法は、100 mm、200 mm及び300 mmの 3 種類と規定されている。

3 日本産業規格(JIS)によれば、マイクロメータのスピンドルをクランプ装置などによって固定する場合、指示値の変化は、5 μm以下であることと規定されている。

4 日本産業規格(JIS)によれば、Vブロックの底面の平面度は、定盤上にVブロックの上面を置き、底面の各部にスタンドに取り付けた測微器を当て、読みの差から求める。

5 2 つの測定面間に被測定物を挟んで寸法を標準尺で測定する場合には、標準尺を測定軸と同一直線上に並べておくと、測定誤差を小さくすることができる。

6 三針法により、おねじの有効径を測定する場合には、原則として、平均表示針径に近い針を1本側に置く。

7 シリンダゲージの測定子の動き量は、0.05 mm押し込んだ位置を基点としている。

8 歯厚マイクロメータの測定面の平行度は、ブロックゲージを測定面の四隅に順次挟んだときの読みの最大差によって求められる。

9 オートコリメータと正八面鏡を使用すれば、回転機構部を持つ部品・製品等の45度ずつの回転割出し及び分割精度の測定を容易にすることができる。

10 日本産業規格(JIS)によれば、普通旋盤の静的精度検査において「主軸台センタと心押台センタとの高さの差」は、主軸台側センタが低くてはならないと規定されている。

11 青銅鋳物の内部の巣を検出する方法として、浸透探傷試験が適している。

12 日本産業規格(JIS)によれば、OC曲線とは、全数検査で、ロット品質とその合格する確率との関係を示す曲線のことである。

13 日本産業規格(JIS)によれば、品質マネジメントシステムでは、苦情から生じたものを含め、不適合が発生した場合、その不適合を管理し修正するための処置をとることを、要求項目の一つとしている。

14 ヒストグラムは、度数分布図を表すグラフの一つで、測ったデータ全体の分布を知るのに利用される。

［A群（真偽法）］

15 管理図において、プロットした点が管理限界線上にある場合には、非常に高い確率で異常が起きていると考えるのが妥当である。

16 日本産業規格(JIS)によれば、品質保証とは、品質要求事項が満たされるという確信を与えることに焦点を合わせた品質マネジメントの一部のことである。

17 鉄工やすりの荒目の目の粗さは、やすりの長さに関係なく同じである。

18 噴霧潤滑は、圧縮空気により霧状の油を送り、潤滑作用と同時に冷却作用を行う潤滑法である。

19 点溶接(スポット溶接)は、電気抵抗熱を利用して金属を接合する方法の一つである。

20 鋳鉄は、一般に、引張強さより圧縮強さの方が小さい。

21 焼きなましとは、適切な温度に加熱し、その温度を保持した後、徐冷する操作をいう。

22 ロックウェル硬さ試験機で硬さを測定する場合、圧子の保持時間については特に規定されていない。

23 日本産業規格(JIS)によれば、「普通公差－個々に公差の指示がない長さ寸法の公差等級」と「金属プレス加工品寸法の普通寸法公差の等級」では、等級を示す表記が異なる。

24 三相誘導電動機の回転速度は、同期速度及びすべりによって決まる。

25 三相誘導電動機において、電源からの 3 本の線のうち、2 本を入れ替えて結線すれば、回転方向を逆にすることができる。

［B群（多肢択一法）］

1 日本産業規格(JIS)に規定される間接測定の定義として、正しいものはどれか。

イ 測定対象量と一定の関係にある幾つかの他の量の測定によって、測定対象量の値を導き出す測定方法。

ロ 測定対象量の値を直接求める測定。

ハ 同じ種類の量と比較して測定を行う方法。

ニ 測定中一定な値を持つとみなすことができる量の測定。

2 日本産業規格(JIS)における、ブロックゲージに関する記述のうち、誤っているものはどれか。

イ 等級は、精度によってK級、0級、1級及び2級の4等級に分かれている。

ロ 測定面に隣接する側面の直角度公差は、規定されていない。

ハ 経年による寸法の変化量の許容寸法が、決められている。

ニ 精度の要求事項は、側面から最大0.8 mmの周辺部分を除いた測定面に適用される。

3 ねじ用限界ゲージのゲージ記号「NRGF」が意味しているものはどれか。

イ 固定式止り側ねじリングゲージ用止り側点検プラグ

ロ 固定式止り側ねじリングゲージ用通り側点検プラグ

ハ 固定式通り側ねじリングゲージ用通り側点検プラグ

ニ 固定式通り側ねじリングゲージ用止り側点検プラグ

4 精密定盤使用面の平面度の測定方法として、日本産業規格(JIS)で規定されていないものはどれか。

イ 基準面と比較する方法

ロ 水準器による方法

ハ オプチカルフラットによる方法

ニ オートコリメータによる方法

5 日本産業規格(JIS)によれば、テストバーに関する記述として、誤っているものはどれか。

イ テーパシャンク付テストバーのテーパシャンク部のテーパ角度は、テーパリングゲージとの当たりが75 %以上と規定されている。

ロ テーパシャンクのない円筒形状で両側側面にセンタ穴を持つものも規定されている。

ハ テストバーの表面の硬さは、660 HV以上又は58 HRC以上と規定されている。

ニ テーパシャンク付テストバーの種類として規定されているものは、3 種類である。

［B群（多肢択一法）］

6　日本産業規格(JIS)によれば、精密水準器の区分(1種、2種、3種)ごとの感度(mm/m)の組合せとして、正しいものはどれか。

	［1種］	［2種］	［3種］
イ	0.1	0.3	0.5
ロ	0.02	0.05	0.1
ハ	0.05	0.10	0.15
ニ	0.005	0.015	0.020

7　日本産業規格(JIS)によれば、流量式空気マイクロメータの基準倍率に関する記述として、正しいものはどれか。

イ　基準倍率は、5倍、20倍、300倍、400倍、500倍及び1000倍とされている。

ロ　基準倍率は、100倍、200倍、300倍、400倍、500倍及び1000倍とされている。

ハ　基準倍率は、1000倍、2000倍、3000倍、4000倍、5000倍及び10000倍とされている。

ニ　基準倍率の規定は、特にない。

8　外側マイクロメータの性能検査に関する記述として、誤っているものはどれか。

イ　スピンドルの送り誤差の測定には、オプチカルフラットを用いる。

ロ　測定面の平行度の測定は、オプチカルパラレルを用いる。

ハ　全測定面接触誤差の測定(器差の測定)には、ブロックゲージを用いる。

ニ　測定力の測定は、はかり、ロードセル等を用いる。

9　目量0.01 mmてこ式ダイヤルゲージの性能として、日本産業規格(JIS)で規定されていないものはどれか。

イ　全測定範囲行き指示誤差

ロ　10目盛指示誤差

ハ　狭範囲行き精度

ニ　戻り誤差

10　ピッチ1.5 mmの一般用メートルねじの有効径を測定する三針の呼び針径として、最も適切なものはどれか。

イ　0.462 mm

ロ　0.577 mm

ハ　0.866 mm

ニ　1.155 mm

［B群（多肢択一法）］

11 加工機など真直運動する軸において回転方向に偏差を生じるが、偏差の組合せとして、正しいものはどれか。

	a	b	c
イ	ピッチ	ロール	ヨー
ロ	ヨー	ピッチ	ロール
ハ	ロール	ヨー	ピッチ
ニ	ヨー	ロール	ピッチ

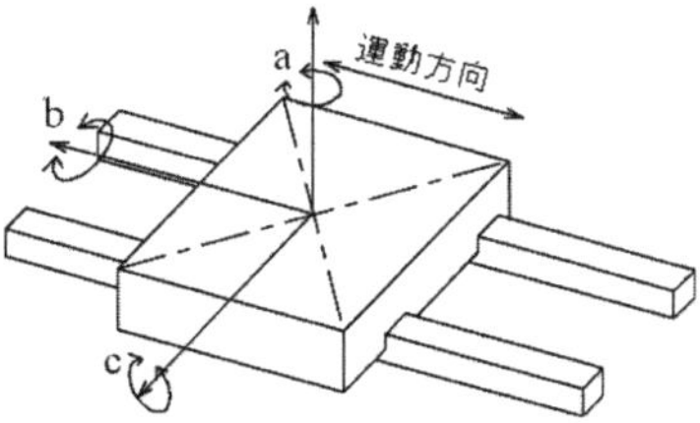

12 文中の(　　)内に当てはまる語句として、正しいものはどれか。

日本産業規格(JIS)によれば、所定の合否判定抜取方式においては、品質水準が不満足とされる値であるときの合格の確率を(　　)としている。

イ　生産者リスク

ロ　消費者リスク

ハ　販売者リスク

ニ　抜取リスク

13 文中の(　　)内に当てはまる数値として、正しいものはどれか。

シューハート管理図において、上方管理限界と下方管理限界は中心線から(　　)σの距離にある。

イ　1

ロ　2

ハ　3

ニ　6

14 [管理図名]とその[説明]の組合せとして、誤っているものはどれか。

	[管理図名]	[説明]
イ	X 管理図	サンプルの個々の観測値を用いて工程水準を評価するための計量値管理図。
ロ	u 管理図	サンプルサイズが変動する場合に、単位当たりの発生数を評価するための計数値管理図。
ハ	np 管理図	サンプルサイズが一定の場合に、所与の分類項目に該当する単位の数を評価するための計数値管理図。
ニ	R 管理図	群の標準偏差を用いて変動を評価するための計量値管理図。

15 工程評価するのに$\overline{X}-R$ 管理図が適さないものはどれか。

イ　ロットから抜き取ったエンジン部品の寸法

ロ　バッチ製造される化学薬品の濃度

ハ　製造ラインにて 1 時間に一度検査される鉛筆の芯の強度

ニ　試料個数が一定のめっき品の外観不良個数

［B群（多肢択一法）］

16 [ねじの種類]と[呼びの表記]の組合せとして、誤っているものはどれか。

	[ねじの種類]	[呼びの表記]
イ	メートル並目ねじ	TM10
ロ	メートル細目ねじ	M8×1
ハ	ユニファイ並目ねじ	$^{3}/_{8}$－16UNC
ニ	ユニファイ細目ねじ	No.8－36UNF

17 次のうち、切削工具が回転して加工する機械の組合せはどれか。

イ	旋盤	ボール盤	中ぐり盤
ロ	ホブ盤	旋盤	立削り盤
ハ	フライス盤	平削り盤	NC旋盤
ニ	ボール盤	フライス盤	中ぐり盤

18 旋削加工において、仕上げ面の仕上げ粗さに影響を及ぼす要因として、送り速度と刃具のノーズ半径が挙げられる。次のうち、一般に、仕上げ粗さを細かくするための条件はどれか。

イ 送り速度を遅くし、ノーズ半径を小さくする。
ロ 送り速度を遅くし、ノーズ半径を大きくする。
ハ 送り速度を速くし、ノーズ半径を小さくする。
ニ 送り速度を速くし、ノーズ半径を大きくする。

19 次の塗装に関する記述のうち、電着塗装についての説明はどれか。

イ 油性塗料の入ったタンクの中に製品を漬けて塗装する方法。
ロ スプレーガンに塗料を入れ、圧縮空気で噴霧状にして製品に吹き付ける方法。
ハ 被塗物(金属製品)を陽極とし、水性塗料を入れた槽を陰極として、直流電流を通して、水性溶液中の塗料を付着させる方法。
ニ 樹脂を粉末にして塗装する方法。

20 鋼の熱処理作業における焼入れの目的として、適切なものはどれか。

イ 内部応力除去
ロ さび防止
ハ 硬さの増大
ニ 炭素量の増大

［B群（多肢択一法）］

21　ブリネル硬さ試験方法に関する記述として、適切なものはどれか。

イ　超硬合金球の圧子を用い、試験面にくぼみを付けたとき、試験荷重とくぼみの表面積から硬さを求める。

ロ　対面角136° のダイヤモンド正四角錐圧子を用い、試験面にくぼみを付けたとき、試験荷重とくぼみの表面積から硬さを求める。

ハ　円すい状のダイヤモンド圧子、鋼球圧子又は超硬合金球圧子を用いて、まず一定の基準荷重を加え、さらに試験荷重を加え、再び基準荷重に戻したとき、前後 2 回の基準荷重における圧子の進入深さの差から硬さを求める。

ニ　試験面上に一定の高さから落下させたハンマの跳ね上がり高さから硬さを求める。

22　下図に示す片持ちばりに等分布荷重wが掛かるとき、先端からの距離Xの位置(A点)の曲げモーメントMxとして、正しいものはどれか。

イ　$Mx = wX^2$

ロ　$Mx = wX^2/2$

ハ　$Mx = wX^2/3$

ニ　$Mx = wX^2/4$

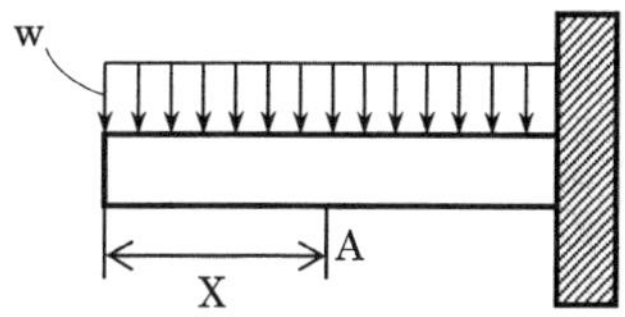

23　軸基準のはめあいにおいて、軸基準h6に対する「すきまばめ」の穴の公差クラスとして、正しくないものはどれか。

イ　P6

ロ　G7

ハ　F7

ニ　H7

24　下図の電気回路において、回路全体で消費する電力 (W)の値として、正しいものはどれか。

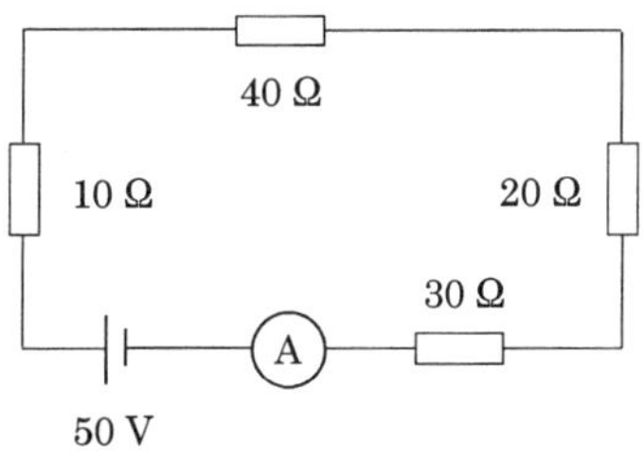

イ　25 (W)

ロ　62.5 (W)

ハ　520.8 (W)

ニ　100 (W)

［B群（多肢択一法）］

25　労働安全衛生法関係法令によれば、総括安全衛生管理者の職務に関する記述として、誤っているものはどれか。

イ　労働者の危険又は健康障害を防止するための処置に関する統括管理をする。

ロ　労働者の安全又は衛生のための教育の実施に関する統括管理をする。

ハ　健康診断の実施、その他健康の保持増進のための措置に関する統括管理をする。

ニ　総括安全衛生管理者は、当該事業場において、その事業の実施を統括管理する者でなくてもよい。

令和元年度 技能検定

1級　機械検査　学科試験問題

(機械検査作業)

1. 試験時間　1時間40分
2. 問題数　50題(A群25題、B群25題)
3. 注意事項

(1) 係員の指示があるまで、この表紙はあけないでください。

(2) 答案用紙(真偽法と多肢択一法の併用)に検定職種名、作業名、級別、受検番号、氏名を必ず記入してください。

(3) 係員の指示に従って、問題数を確かめてください。それらに異常がある場合は、黙って手を挙げてください。問題はA群(真偽法)とB群(多肢択一法)とに分かれています。

(4) 試験開始の合図で始めてください。

(5) 解答の方法(真偽法と多肢択一法の併用)は次のとおりです。

イ．A群の問題(真偽法)は、一つ一つの問題の内容が正しいか、誤っているかを判断して解答してください。

ロ．B群の問題(多肢択一法)は、正解と思うものを一つだけ選んで、解答してください。二つ以上に解答した場合は誤答となります。

ハ．答案用紙(マークシート用紙)へ解答する際は、答案用紙に記載されている注意事項に従ってください。

ニ．答案用紙の解答欄は、A群の問題とB群の問題とでは異なります。所定の解答欄に、試験問題の題数に応じて解答してください。解答欄はA群は50題まで、B群は25題まで解答できるようになっています。

(6) 電子式卓上計算機その他これと同等の機能を有するものは、使用してはいけません。

(7) 携帯電話等は、使用してはいけません。

(8) 試験中、質問があるときは、黙って手を挙げてください。ただし、試験問題の内容、漢字の読み方等に関する質問にはお答えできません。

(9) 試験終了時刻前に解答ができあがった場合は、黙って手を挙げて、係員の指示に従ってください。

(10) 試験中に手洗いに立ちたいときは、黙って手を挙げて、係員の指示に従ってください。

(11) 試験終了の合図があったら、筆記用具を置き、係員の指示に従ってください。

［A群(真偽法)］

1　日本工業規格(JIS)の計測用語によれば、校正とは、計器又は測定系の示す値、若しくは実量器又は標準物質の表す値と、標準によって実現される値との間の関係を確定する一連の作業のことである。

2　日本工業規格(JIS)によれば、ブロックゲージ2級の寸法の寸法許容差は、呼び寸法25mm以下の場合、±2μm(マイクロメートル)である。

3　日本工業規格(JIS)のディジタルスケールによれば、最小表示量0.0001mmのものも規定されている。

4　日本工業規格(JIS)によれば、テーパシャンク付きテストバーのテーパ部は、すべて1/24テーパになっている。

5　20℃のとき100.000mmの長さの炭素鋼(S30C)は、25℃では約100.060mmの長さになる。

6　日本工業規格(JIS)によると、オプチカルフラットの平面度は、基準平面を用いて下図のような周辺の幅を除く光波干渉じまを測定し、次の式により求められる。

$$F = \frac{\lambda}{2} \times \frac{b}{a}$$

F：平面度(μm)
a：干渉じまの中心間隔(mm)
b：干渉じまの曲がり量(mm)
λ：使用する光の波長(μm)

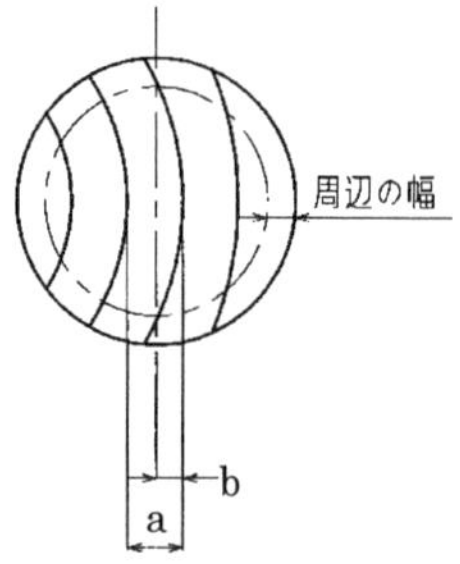

7　日本工業規格(JIS)では、てこ式ダイヤルゲージの繰返し精密度の測定方法として、3種類を規定している。

8　日本工業規格(JIS)によれば、「シリンダゲージの測定子の測定面は滑らかな球面であって、その曲率半径は、測定範囲の最小寸法の1/5以下とする」と規定されている。

9　マルテンサイト系ステンレス鋼とオーステナイト系ステンレス鋼のうち、磁粉探傷試験で表面欠陥を検出できるのは、マルテンサイト系ステンレス鋼である。

10　日本工業規格(JIS)によれば、旋盤の静的精度検査項目のうち、主軸端外面の振れは、ダイヤルゲージで検査する。

［A群(真偽法)］

11　磁粉探傷試験法で鋼材のきずを検査するとき、割れ又は他の線状きずが特定の方向に並ぶ場合は、磁束がきずの方向にできるだけ直交となるようにするとよい。

12　計数規準型一回抜取検査において、合格判定個数c＝0と設定した場合、合格ロット中に不良品が混入されることはない。

13　浸炭焼入れ後の母材は、表面層の炭素量が高く組織の安定性が良いため、溶接性が良い。

14　製品の品質特性にばらつきを与える原因を大きく二つに分けた場合、偶然原因は、避けることが不可能な原因のことである。

15　$\overline{X}-R$ 管理図において、中心線の片側に連続して9つの点が並んでいる場合、工程が異常であると判定してよい。

16　日本工業規格(JIS)によれば、トレーサビリティとは、「不確かさがすべて表記された切れ目のない比較の連鎖によって、決められた基準に結びつけられ得る測定結果又は標準の値の性質」と規定されている。

17　きさげとは、しゅう動面に油膜を薄く溜めるために凹凸の模様面を設けることである。

18　マシン油(スピンドル油)は、低速重荷重の軸受の潤滑に適している。

19　アンダカットは、鋳造の際に生じる欠陥である。

20　常温において、アルミニウムは、銅よりも熱伝導率が高い。

21　鋼に適量のほう素を添加することにより、焼入れ性は向上する。

22　日本工業規格(JIS)によれば、金属材料の曲げ試験片には、平板形状の試験片は規定されているが、棒形状の試験片は規定されていない。

23　日本工業規格(JIS)によれば、しまりばめとは、はめ合わせたときに、穴と軸との間に常にしめしろができるはめあいと規定されている。

24　大電力を輸送するときは、電圧を低く、電流を大きくして送電すると経済的である。

25　三相誘導電動機において、電源からの3本の線のうち、2本を入れ替えても回転方向は変わらない。

［B群(多肢択一法)］

1　文中の(　　)内に当てはまる語句として、適切なものはどれか。

(　　)とは、測定値の母平均から真の値を引いた値である。

イ　誤差

ロ　器差

ハ　かたより

ニ　残差

2　ブロックゲージの精度に関する次の文中の(　　)内に当てはまる数値として、適切なものはどれか。

ブロックゲージの精度の要求事項は、側面から最大(　　)mmの周辺部分を取り除いた測定面に適用される。

イ　0.4

ロ　0.8

ハ　1.2

ニ　1.8

3　硬さ試験機に関する記述として、誤っているものはどれか。

イ　ロックウェル硬さ試験機の圧子は、ダイヤモンド圧子と球圧子がある。

ロ　ビッカース硬さ試験機に用いる圧子は、正四角すいの形状をしている。

ハ　ブリネル硬さ試験機に使われる圧子は、超硬合金球である。

ニ　ショア硬さ試験機の試料受け台は、鋳鉄製でその当たり面は球面である。

4　日本工業規格(JIS)によれば、Vブロックの精度として定められていないものはどれか。

イ　底面と上面の平行度

ロ　底面の平面度

ハ　底面とV面上の円筒との平行度

ニ　Vみぞの底面に対する倒れ

5　日本工業規格(JIS)によれば、テストバーの円筒部の直径における軸方向の直径不同の測定要領の記述として、正しいものはどれか。

イ　軸直角断面で1方向以上、軸に沿って5箇所以上の外径測定から求めた全ての直径の中で最大値と最小値との差を求める。

ロ　軸直角断面で1方向以上、軸に沿って3箇所以上の外径測定から求めた全ての直径の中で最大値と最小値との差を求める。

ハ　軸直角断面で2方向以上、軸に沿って5箇所以上の外径測定から求めた全ての直径の中で最大値と最小値との差を求める。

ニ　軸直角断面で2方向以上、軸に沿って3箇所以上の外径測定から求めた全ての直径の中で最大値と最小値との差を求める。

［B群(多肢択一法)］

6　日本工業規格(JIS)によるサインバーに関する記述のうち、正しいものはどれか。

イ　サインバー本体の幅は原則として75mmとする。

ロ　呼び寸法は、ローラ中心距離で100mm、200mm、500mmである。

ハ　総合精度は、サインバーの側面をそろえて60°の角度でゲージを密着させて測定する。

ニ　等級はその精度によって、1級、2級の2種類である。

7　次の記述は、長尺端度器の測定に関するものである。(　　)内に当てはまる語句として適切なものはどれか。

両端面が平行となるように支持する支点を(　　)という。

イ　エアリー点

ロ　ベッセル点

ハ　フラット点

ニ　パラレル点

8　日本工業規格(JIS)によれば、外側マイクロメータの測定力に関する記述として、誤っているものはどれか。

イ　測定力の大きさは、範囲が規定されている。

ロ　フレームのたわみは、10N当たりで規定されている。

ハ　一定の測定力でのフレームのたわみは、測定範囲が50mm～75mmのマイクロメータに対し、測定範囲275mm～300mmのマイクロメータは2倍と規定されている。

ニ　測定力のばらつきは、測定範囲に関わらず一定と規定されている。

9　日本工業規格(JIS)によれば、てこ式ダイヤルゲージに関する記述のうち、誤っているものはどれか。

イ　目量0.01mm、0.002mm及び0.001mmのものが規定されている。

ロ　測定子の運動方向と長針の回転方向との関係を、3種類挙げている。

ハ　種類は通常、縦形、横形、直動形の3種類である。

ニ　測定に差し支えない保持力とは、測定先端子にかかる力で、通常2～8Nである。

10　日本工業規格(JIS)によれば、かさ歯車の歯車精度の許容値として、規定されていないものはどれか。

イ　単一ピッチ誤差

ロ　累積ピッチ誤差

ハ　歯形誤差

ニ　歯溝の振れ

[B群(多肢択一法)]

11 日本工業規格(JIS)で規定している「横軸角テーブル形平面研削盤－精度検査」によれば、テーブルX軸方向運動の真直度について、ZX面内で測定長さが1000mmを超えるものの許容値はどれか。

イ 0.008mm

ロ 0.012mm

ハ 0.016mm

ニ 0.020mm

12 日本工業規格(JIS)によれば、染色浸透探傷試験の試験面の照度として、規定されているものはどれか。

イ 200 lx以上

ロ 300 lx以上

ハ 500 lx以上

ニ 700 lx以上

13 次の記述の(　)内に当てはまる語句として、適切なものはどれか。

不合格としたある特定の悪い品質の検査ロットが抜取り検査で合格する確率を(　)と呼ぶ。

イ 消費者危険

ロ 生産者危険

ハ 販売者危険

ニ 抜取り危険

14 文中の(　)内に当てはまる数値として、正しいものはどれか。

工程能力指数Cpは、製品の規定された公差を工程能力(6σ)で除した値であるが、Cp＝0.67の場合、公差を外れる確率は(　)である。ただし、偏りは考慮しない。

イ 約1%

ロ 約2%

ハ 約5%

ニ 約10%

15 下記のnp管理図の下方限界を求める式のうち、正しいものはどれか。ただし、$\bar{p}$ は平均値を表す。

イ $LCL=n\bar{p}-3\sqrt{n\bar{p}(1-\bar{p})}$

ロ $LCL=n\bar{p}-3\sqrt{n\bar{p}(1+\bar{p})}$

ハ $LCL=n\bar{p}-3\sqrt{\bar{p}(1-\bar{p})}$

ニ $LCL=n\bar{p}-3\sqrt{\bar{p}(1+\bar{p})}$

[B群(多肢択一法)]

16　互いにかみ合うモジュール2で歯数40と歯数50の2つの標準平歯車の中心距離は、次のうちどれか。

イ　360mm

ロ　180mm

ハ　90mm

ニ　45mm

17　キー溝付き平歯車を創成法による歯車加工で製作する機械の組合せとして、適切なものはどれか。

イ　ホブ盤、円筒研削盤、汎用旋盤

ロ　汎用旋盤、立削り盤、NC旋盤

ハ　汎用旋盤、ホブ盤、立削り盤

ニ　円筒研削盤、汎用旋盤、立削り盤

18　日本工業規格(JIS)によれば、研削といしの要素を表示する記号及び番号として、正しいものはどれか。

イ　と粒の種類は、数字のみで表す。

ロ　粒度は、アルファベットのみで表す。

ハ　結合度は、アルファベットのみで表す。

ニ　組織は、アルファベットのみで表す。

19　文中の(　　)内に当てはまる語句として、適切なものはどれか。

表面処理の化成処理とは、化学及び電気化学的処理によって、金属表面に安定な化合物を生成させる処理で、りん酸塩処理、(　　)、黒染処理などがある。

イ　クロメート処理

ロ　ブラスト処理

ハ　溶射

ニ　スパッタリング

20　次のうち、焼なましの目的とは異なるものはどれか。

イ　硬さの向上

ロ　残留応力の除去

ハ　被削性の向上

ニ　冷間加工性の改善

[B群(多肢択一法)]

21　硬さの種類を示す記号に関する記述のうち、誤っているものはどれか。

イ　ブリネル硬さは、HBWで表す。

ロ　ロックウェル硬さは、圧子の形状や試験荷重の違いにより、HRA、HRB、HRC等がある。

ハ　ビッカース硬さは、HVで識別し、その後ろに試験荷重を表す数値を付けて表す。

ニ　ショア硬さにおいて、HSC、HSDという表記はない。

22　文中の(　　)内に当てはまる数値として、適切なものはどれか。

直径4cmの丸棒の軸方向に500Nの圧縮荷重を加えたときの応力は、約(　　)N/cm^2である。

イ　12.5

ロ　39.8

ハ　79.6

ニ　119.4

23　日本工業規格(JIS)によれば、歯車製図における線の用い方に関する記述のうち、正しいものはどれか。

イ　歯先円は、細い実線で表す。

ロ　歯底円は、太い破線で表す。

ハ　歯すじ方向は、通常2本の細い実線で表す。

ニ　基準円は、細い一点鎖線で表す。

24　下図のブリッジ回路において、スイッチSを閉じても検流計Gに電流が流れない場合、抵抗R_4の値として、正しいものはどれか。

イ　2.5kΩ

ロ　2.8kΩ

ハ　3.2kΩ

ニ　3.5kΩ

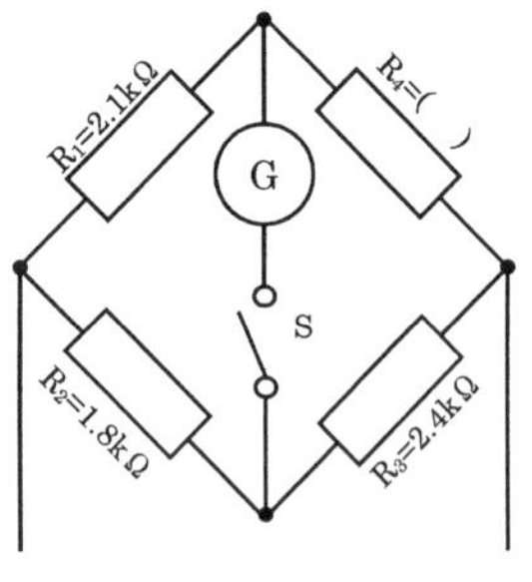

25　文中の(　　)内に当てはまる語句として、適切なものはどれか。

労働安全衛生関係法令によれば、酸素欠乏とは、空気中の酸素の濃度が(　　)である状態と定められている。

イ　6%未満

ロ　12%未満

ハ　18%未満

ニ　22%未満

平成30年度 技能検定
1級　機械検査　学科試験問題
(機械検査作業)

1. 試験時間　1時間40分
2. 問題数　50題(A群25題、B群25題)
3. 注意事項

(1) 係員の指示があるまで、この表紙はあけないでください。

(2) 答案用紙(真偽法と多肢択一法の併用)に検定職種名、作業名、級別、受検番号、氏名を必ず記入してください。

(3) 係員の指示に従って、問題数を確かめてください。それらに異常がある場合は、黙って手を挙げてください。問題はA群(真偽法)とB群(多肢択一法)とに分かれています。

(4) 試験開始の合図で始めてください。

(5) 解答の方法(真偽法と多肢択一法の併用)は次のとおりです。

イ. A群の問題(真偽法)は、一つ一つの問題の内容が正しいか、誤っているかを判断して解答してください。

ロ. B群の問題(多肢択一法)は、正解と思うものを一つだけ選んで、解答してください。二つ以上に解答した場合は誤答となります。

ハ. 答案用紙(マークシート用紙)へ解答する際は、答案用紙に記載されている注意事項に従ってください。

ニ. 答案用紙の解答欄は、A群の問題とB群の問題とでは異なります。所定の解答欄に、試験問題の題数に応じて解答してください。解答欄はA群は50題まで、B群は25題まで解答できるようになっています。

(6) 電子式卓上計算機その他これと同等の機能を有するものは、使用してはいけません。

(7) 携帯電話等は、使用してはいけません。

(8) 試験中、質問があるときは、黙って手を挙げてください。ただし、試験問題の内容、漢字の読み方等に関する質問にはお答えできません。

(9) 試験終了時刻前に解答ができあがった場合は、黙って手を挙げて、係員の指示に従ってください。

(10) 試験中に手洗いに立ちたいときは、黙って手を挙げて、係員の指示に従ってください。

(11) 試験終了の合図があったら、筆記用具を置き、係員の指示に従ってください。

[A群(真偽法)]

1 日本工業規格(JIS)によれば、合成標準不確かさとは、幾つかの他の量の値から求められる測定の結果の標準不確かさである。

2 日本工業規格(JIS)によれば、触針式表面粗さ測定機の理想的な触針の形状は、球状先端をもつ円すいであるが、その触針先端の半径については、2μm、5μm、10μmと規定されている。

3 投影検査器において、倍率10倍のときのスクリーン面の明るさは、倍率50倍のときの明るさの5倍になる。

4 日本工業規格(JIS)によれば、精密定盤の等級を1級、2級及び3級の3種に大別している。

5 三針法によりおねじの有効径を測定する場合には、原則として平均表示針径に近い針を1本側に置く。

6 オプチカルフラットでは、光波干渉による精密仕上げ面の平面度の測定ができる。

7 ブロックゲージの寸法の測定法には、直接測定法と比較測定法がある。

8 日本工業規格(JIS)によれば、ハイトゲージのベース基準面とスクライバ測定面との平行度は0.05mm以内と規定している。

9 穴の真円度は、限界ゲージを使用して検査できる。

10 日本工業規格(JIS)によれば、普通旋盤の静的精度検査において「主軸台センタと心押台センタとの高さの差」は、主軸台側センタが低くてはならないと規定されている。

11 日本工業規格(JIS)によれば、鋼管の自動超音波探傷検査方法における探傷形式には、水浸法、直接接触法の2種類のみ規定されている。

12 日本工業規格(JIS)の「統計－用語と記号」によれば、OC曲線とは、全数検査で、ロット品質とその合格する確率との関係を示す曲線のことである。

13 外径加工により寸法が3mm小さくなってしまったため、そのままクロムめっきをして出荷した。

14 層別とは、異常値のデータを区別することである。

[A群(真偽法)]

15 $\overline{X}-R$管理図において、プロットされた点が7つ連続して中心線から片側に片寄っていても、管理限界内にすべて収まっていれば、何らかの処置を講ずる必要はない。

16 日本工業規格(JIS)の品質マネジメントシステムによれば、品質計画書に記載すべき項目が規定されている。

17 等径ハンドタップは、一般に、先・中・上げの3本のタップを一組としている。

18 噴霧潤滑は、圧縮空気により霧状の油を送り、潤滑作用と同時に冷却作用を行う潤滑法である。

19 厚板溶接には、一般に、アーク溶接よりガス溶接のほうが適している。

20 鋳鉄は、一般に、引張強さより圧縮強さのほうが小さい。

21 焼なましは、加工硬化した材料の硬さを下げたり、内部応力を除去する等の目的で行われる。

22 浸透探傷試験法は、材料内部の割れやきずを検査するのに有効である。

23 日本工業規格(JIS)の「歯車製図」によれば、歯車を図示するには、歯底円は記入を省略してもよい。

24 三相誘導電動機の回転速度は、同期速度及びすべりによって決まる。

25 有接点開閉器(スイッチ)のうち、リミットスイッチは、テーブルなどの動きで設定した位置に近づくか通過した場合に接点を開閉する。

[B群(多肢択一法)]

1　測定系の構成における偏位法に関する記述として、正しいものはどれか。

イ　測定量を原因とし、その直接の結果として生じる指示から測定量を知る方法。

ロ　測定量からそれにほぼ等しい既知量を引き去り、その差を測って測定量を知る方法。

ハ　同種類の2量の作用の差を利用して測定する方法。

ニ　測定量と既知量とを置き換えて2回の測定結果から測定量を知る方法。

2　次のうち、ねじ用限界ゲージのゲージ記号「NRGF」が意味しているものはどれか。

イ　固定式止り側ねじリングゲージ用止り側点検プラグ

ロ　固定式止り側ねじリングゲージ用通り側点検プラグ

ハ　固定式通り側ねじリングゲージ用通り側点検プラグ

ニ　固定式通り側ねじリングゲージ用止り側点検プラグ

3　日本工業規格(JIS)によれば、精密水準器の構造及び外観に関する記述のうち、誤っているものはどれか。

イ　気泡管の気泡の移動は、円滑であること。

ロ　主気泡管と直角に副気泡管を備えること。

ハ　主気泡管には、ゼロ点調節装置を備え、水平に置いたとき1目盛以内で気泡の位置の調節ができること。

ニ　底面、側面及び上面に、逃げ又はV溝を設けてもよい。

4　日本工業規格(JIS)によれば、I型直角定規及び平形直角定規の「側面の倒れの許容値」として、正しいものはどれか。

イ　許容値は規定されていない。

ロ　「使用面の直角からの狂いの許容値」の2倍以下とする。

ハ　「使用面の直角からの狂いの許容値」の10倍以下とする。

ニ　「使用面の直角からの狂いの許容値」の50倍以下とする。

5　円筒スコヤについて、日本工業規格(JIS)に規定されていないものはどれか。

イ　表面あらさ

ロ　平行度

ハ　寸法

ニ　かたさ

［Ｂ群(多肢択一法)］

6　文中の(　　)内に当てはまる数値として、適切なものはどれか。
ブリネル硬さ試験における試料の厚さは、少なくともくぼみの深さの(　　)倍は必要である。
イ　2
ロ　4
ハ　6
ニ　8

7　文中の(　　)内に当てはまる語句として、適切なものはどれか。
日本工業規格(JIS)によれば、(　　)は、「突き止められない原因によって起こり、測定値のばらつきとなって現れる誤差」と定義されている。
イ　系統誤差
ロ　偶然誤差
ハ　合成誤差
ニ　総合誤差

8　目量0.01mmてこ式ダイヤルゲージの性能として、日本工業規格(JIS)が規定していないものはどれか。
イ　全測定範囲行き指示誤差
ロ　10目盛指示誤差
ハ　狭範囲行き精度
ニ　戻り誤差

9　文中の(　　)内に当てはまる語句として、適切なものはどれか。
日本工業規格(JIS)によると、外側マイクロメータのフレームのたわみ量は、アンビルを下にしスピンドルの軸を鉛直に保ちアンビル側フレームに質量5kgの重りをつるし、その時のたわみ量を荷重(　　)N当たりに換算して求めると規定されている。
イ　0.5
ロ　1
ハ　5
ニ　10

10　表面粗さ測定機の縦倍率及び横倍率の相対誤差に関する記述のうち、正しいものはどれか。
イ　各呼び倍率について行い、その平均値とする。
ロ　各呼び倍率について行い、その最大値とする。
ハ　常に使用する倍率で行い、その平均値とする。
ニ　常に使用する倍率で行い、その最大値とする。

[B群(多肢択一法)]

11　日本工業規格(JIS)における普通旋盤の精度検査に関する記述のうち、誤っているものはどれか。

イ　旋盤の精度検査は、10種以上の項目がある。

ロ　主軸フランジ端面の振れは、規定されていない。

ハ　主軸中心線と往復台の長手方向運動との平行度は、規定されている。

ニ　心押軸テーパ穴中心線と往復台の長手方向運動との平行度は、規定されている。

12　文中の(　　)内に当てはまる数値として、正しいものはどれか。

日本工業規格(JIS)によれば、磁粉探傷試験において蛍光磁粉を用いた場合の試験面における照度は、(　　)lx以下と規定されている。

イ　20

ロ　50

ハ　80

ニ　100

13　信頼性を表す用語として、適切でないものはどれか。

イ　耐久性

ロ　保全性

ハ　故障率

ニ　機械装備率

14　再現性を記述するときに明確に記載しなければならない条件として、当てはまらないものはどれか。

イ　測定法

ロ　測定者

ハ　絶対基準

ニ　測定原理

15　次の文中の(　　)内に当てはまる数値として、適切なものはどれか。

$\overline{X}$－R管理図において、群の大きさが(　　)以下ではR管理図の下方管理限界線は不要である。

イ　6

ロ　8

ハ　10

ニ　12

［B群(多肢択一法)］

16　標準平歯車の歯先円直径（da [mm]）を表すものとして正しいものはどれか。
ただし、モジュール：m [mm]、歯数：Z　とする。

イ　da＝m（Z+2）
ロ　da＝Z（m+2）
ハ　da＝mZ
ニ　da＝mZ（m+2）

17　次のうち、切削工具が回転して加工する機械の組合せとして、正しいものはどれか。

イ	旋盤	ボール盤	中ぐり盤
ロ	ホブ盤	旋盤	立削り盤
ハ	フライス盤	平削り盤	NC旋盤
ニ	ボール盤	フライス盤	中ぐり盤

18　一般的な構成刃先の原因として、誤っているものはどれか。

イ　切削温度が工作物の再結晶温度以下である。
ロ　工作物材質と工具材質の親和性が高い。
ハ　潤滑性能が低く、冷却性能が高い切削油剤を使用している。
ニ　すくい角が大きい。

19　次の塗装に関する記述のうち、電着塗装の説明として正しいものはどれか。

イ　油性塗料の入ったタンクの中に製品を漬けて塗装する方法。
ロ　スプレーガンに塗料を入れ、圧縮空気で噴霧状にして製品に吹き付ける方法。
ハ　被塗物(金属製品)を陽極とし、水性塗料を入れた槽を陰極として、直流電流を通して、水性溶液中の塗料を付着させる方法。
ニ　樹脂を粉末にして塗装する方法。

20　次の記述の(　　)内に当てはまる語句として、正しいものはどれか。
浸炭焼入れ有効硬化層深さとは、浸炭焼入れにおいて、200℃を超えない温度で焼戻しをした硬化層の表面から、ビッカース硬さ(　　)の位置までの距離をいう。

イ　250HV
ロ　550HV
ハ　850HV
ニ　1050HV

[B群(多肢択一法)]

21　鉄鋼の材料試験に関する記述のうち、誤っているものはどれか。

イ　引張試験には降伏点、耐力、引張強さ、伸びなどの計測が含まれる。

ロ　日本工業規格(JIS)によれば、一般構造用圧延鋼材は、引張強さ、曲げ性及び硬さについて試験しなければならない。

ハ　シャルピー衝撃試験は、振子の一振りで、ノッチを付けた試験片を破断して行う。

ニ　日本工業規格(JIS)によれば、冷間圧延鋼板は、引張試験と硬さ試験が規定されている。

22　文中の(　　)内に当てはまる数値として、適切なものはどれか。

直径40mmの丸棒に500Nの圧縮荷重を加えた時の応力は、約(　　)N/cm^{2}である。

イ　12.5

ロ　39.8

ハ　79.6

ニ　200

23　軸基準のはめあいにおいて、基準軸h6に対するすきまばめの穴公差として、誤っているものはどれか。

イ　P6

ロ　G7

ハ　F7

ニ　H7

24　下図の回路に流れる電流が2.4Aの場合、抵抗Bの抵抗値はどれか。

イ　1Ω

ロ　2Ω

ハ　3Ω

ニ　4Ω

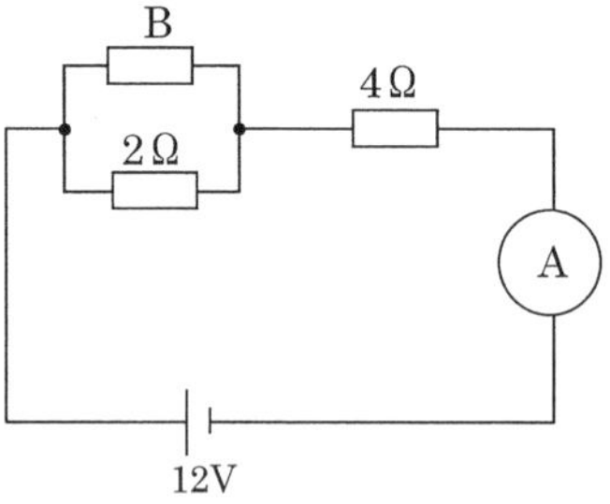

25　文中の(　　)内に当てはまる語句として、適切なものはどれか。

労働安全衛生関係法令によれば、高さが(　　)の作業床の端、開口部等で墜落により労働者に危険を及ぼすおそれのある箇所には囲い、手すり、覆い等を設けなければならないと定めている。

イ　1.2メートル以上

ロ　1.5メートル以上

ハ　1.8メートル以上

ニ　2.0メートル以上

機械検査

正解表

令和２年度　２級　実技試験（計画立案等作業試験）正解表
機械検査（機械検査作業）

［問題 1］

正　　解

設問 1

③	④	⑧	⑨	⑨

※順不同

設問 2

エ	オ

※順不同

設問 3

a	b	f	h

※順不同

設問 4

E

[問題 2]

正　　解

1. 説明図

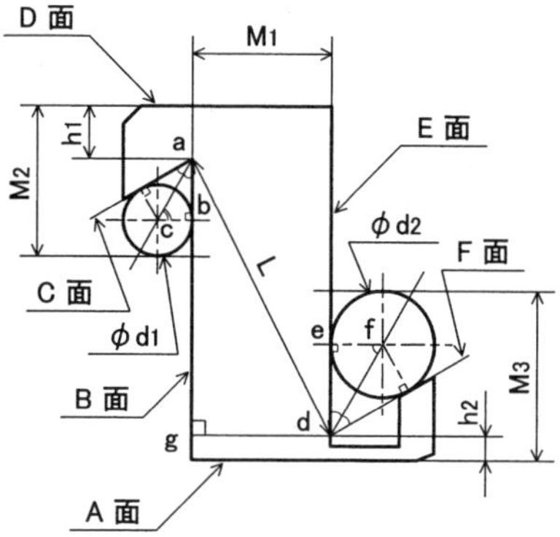

正　　解

2. 段取り方法及び測定方法

(1)　測定用ローラ(小)、(大)の外径を、外側マイクロメータで測定し、それぞれ、d_1、d_2とする。

(2)　B 面と E 面間の幅を外側マイクロメータで測定し、M_1とする。

(3)　測定用ローラ(小)を部品の B 面と C 面の間の 60° の溝に入れ、D 面から測定用ローラ(小)の外側までを外側マイクロメータで測定し、M_2とする。

(4)　測定用ローラ(大)を部品の E 面と F 面の間の 60° の溝に入れ、A 面から測定用ローラ(大)の外側までを外側マイクロメータで測定し、M_3とする。

3. 計算式

図から、

$\triangle abc$ において、

$\overline{bc} = \frac{d_1}{2}$

$\angle acb = 60°$

$\overline{ab} = bc \times \tan 60°$

D 面から B 面と C 面の交点までの距離を h_1 とすると、

$$h_1 = M_2 - (\overline{ab} + \frac{d_1}{2})$$

$$= M_2 - \frac{1 + \tan 60°}{2} d_1 \quad \cdots\cdots\cdots (1)$$

$\triangle def$ において、

$\overline{ef} = \frac{d_2}{2}$

$\angle dfe = 60°$

$\overline{de} = \overline{ef} \times \tan 60°$

A 面から E 面と F 面を延長した先の交点までの距離を h_2 とすると、

$$h_2 = M_3 - (\overline{de} + \frac{d_2}{2})$$

$$= M_3 - \frac{1 + \tan 60°}{2} d_2 \quad \cdots\cdots\cdots (2)$$

$\triangle adg$ において、

$$\overline{ad} = \sqrt{\overline{dg}^2 + \overline{ag}^2}$$

距離 $L = \overline{ad}$

$$= \sqrt{{M_1}^2 + (50 - (h_1 + h_2))^2} \quad \cdots\cdots (3)$$

(3)に(1)(2)を代入すると、

$$L = \sqrt{{M_1}^2 + (50 - M_2 - M_3 + \frac{d_1 + d_2}{2}(1 + \tan 60°))^2}$$

$\cdots\cdots\cdots (4)$

[問題3]

正　　解

品質管理用語	管理図・表	説明
(1)　パレート図	c	ト
(2)　ヒストグラム	a	ヘ
(3)　散布図	b	イ
(4)　特性要因図	d	ハ
(5)　$\overline{X}$－R 管理図	e	ホ

令和元年度　２級　実技試験（計画立案等作業試験）正解表
機械検査（機械検査作業）

[問題 1]

正　解

設問 1

イ	カ

※順不同

設問 2

イ	エ	オ	カ

※順不同

設問 3

イ

[問題 2]

正　解

1.説明図

[図 1]

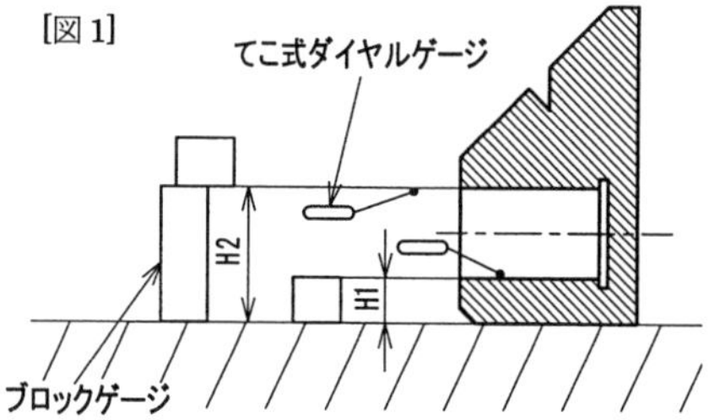

[図 2]

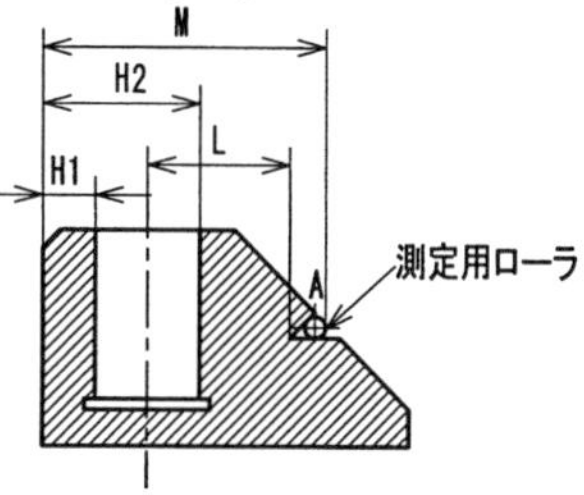

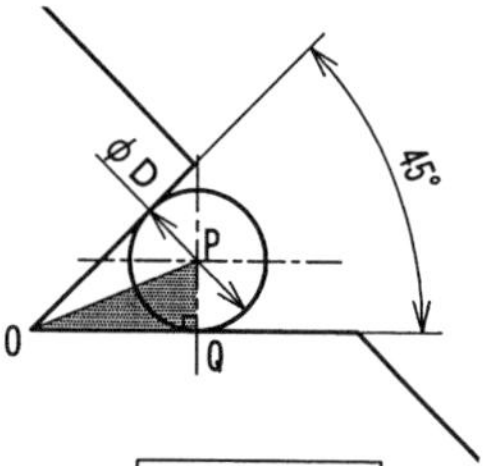

A部拡大説明図

正　解

2.段取り方法及び測定方法

(1)測定用ローラの直径をスタンド付きてこ式ダイヤルゲージとブロックゲージにより測定し、D とする。

(2)B 面及び C 面に接するように測定用ローラをセットして、A 面からローラまでの長さを外側マイクロメータで測定し、M とする。

(3)図 1 に示すように、定盤上に A 面を下にして部品を置き、φ15 の穴の最下部をスタンド付きてこ式ダイヤルゲージとブロックゲージにより測定し H1 とする。

(4)図 1 に示すように、定盤上に A 面を下にして部品を置き、φ15 の穴の最上部をスタンド付きてこ式ダイヤルゲージとブロックゲージにより測定し H2 とする。

3.計算式

図 2 に示すように、

$$L = M - H1 - \left(\frac{H2 - H1}{2}\right) - \overline{OQ} - \frac{D}{2} \quad \cdot\cdot\cdot\cdot (1)$$

△OPQ において、

$$\overline{OQ} = \frac{D}{2\tan 22.5^\circ} \quad \cdot\cdot\cdot\cdot\cdot\cdot\cdot\cdot\cdot\cdot\cdot\cdot\cdot\cdot\cdot\cdot (2)$$

よって、

$$L = M - H1 - \left(\frac{H2 - H1}{2}\right) - \frac{D}{2\tan 22.5^\circ} - \frac{D}{2}$$

$$= M - \frac{1}{2}(H2 + H1) - \frac{D}{2}\left(\frac{1}{\tan 22.5^\circ} + 1\right)$$

[問題3]

正　解

設問1

①	②	③	④	⑤	⑥	⑦	⑧	⑨
ク	コ	シ	セ	オ	イ	ウ	ア	ソ

設問2

(1)	(2)	(3)	(4)	(5)	(6)
ア	オ	イ	エ	ウ	カ

平成 30 年度　2級　実技試験（計画立案等作業試験）正解表
機械検査（機械検査作業）

[問題 1]

正　解

設問 1

(a)	(b)	(c)	(d)	(e)	(f)
オ	イ	ア	ウ	エ	カ

設問 2

(1)	(2)	(3)
ウ	イ	カ

設問 3

(A)	(B)	(C)
ア	オ	コ

[問題 2]

正　　解

1.説明図

[図 1]

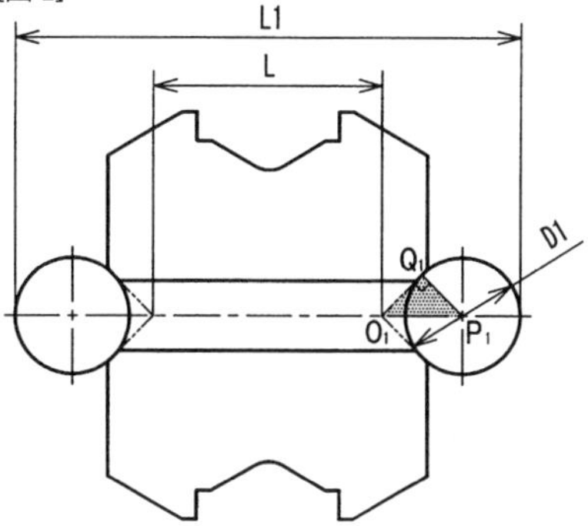

[図 2]

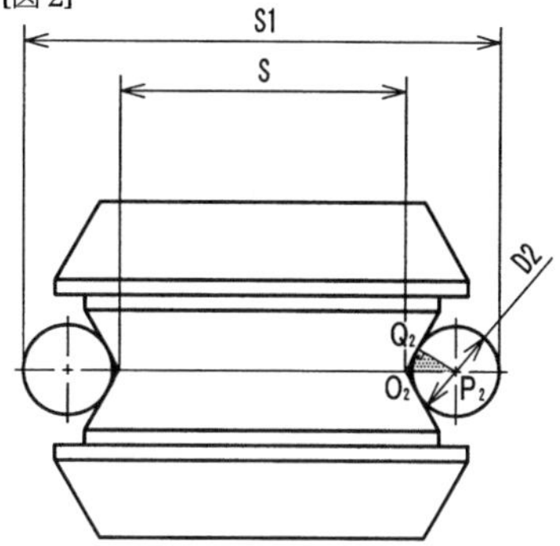

正　　解

2.段取り方法及び測定方法

(1)　測定用鋼球の球径（D1）を外側マイクロメータにより測定する。

(2)　測定用ローラの直径（D2）を外側マイクロメータにより測定する。

(3)　B 面及び C 面に接するように 2 つの測定用鋼球をセットして、鋼球間の長さを外側マイクロメータで測定し L1 とする。

(4)　図 2 に示すように、D 面及び E 面に接するように 2 つの測定用ローラをセットして、ローラ間の長さを外側マイクロメータで測定し S1 とする。

3.計算式

(イ) 距離Lを求める計算式

図1に示すように、

$$L = L1 - 2\left(\overline{O_1P_1} + \frac{D1}{2}\right) \cdots\cdots\cdots\cdots (1)$$

$\triangle O_1P_1Q_1$において、

$$\overline{O_1P_1} = \frac{D1}{2\sin 45^\circ} = \frac{\sqrt{2} \times D1}{2} \cdots\cdots\cdots (2)$$

よって、

$$L = L1 - 2\left(\frac{\sqrt{2} \times D1}{2} + \frac{D1}{2}\right)$$

$$= L1 - (1 + \sqrt{2})D1 \cdots\cdots\cdots\cdots\cdots (3)$$

(ロ) 距離Sを求める計算式

図2に示すように、

$$S = S1 - 2\left(\overline{O_2P_2} + \frac{D2}{2}\right) \cdots\cdots\cdots\cdots (4)$$

$\triangle O_2P_2Q_2$において、

$$\overline{O_2P_2} = \frac{D2}{2\sin 60^\circ} = \frac{\sqrt{3} \times D2}{3} \cdots\cdots\cdots (5)$$

よって、

$$S = S1 - 2\left(\frac{\sqrt{3} \times D2}{3} + \frac{D2}{2}\right)$$

$$= S1 - \left(1 + \frac{2\sqrt{3}}{3}\right)D2 \cdots\cdots\cdots\cdots\cdots (6)$$

[問題 3]

正　　解

設問 1

(1)	(2)	(3)	(4)
D	F	E	B
(5)	(6)	(7)	(8)
29	52	82	52.0

設問 2

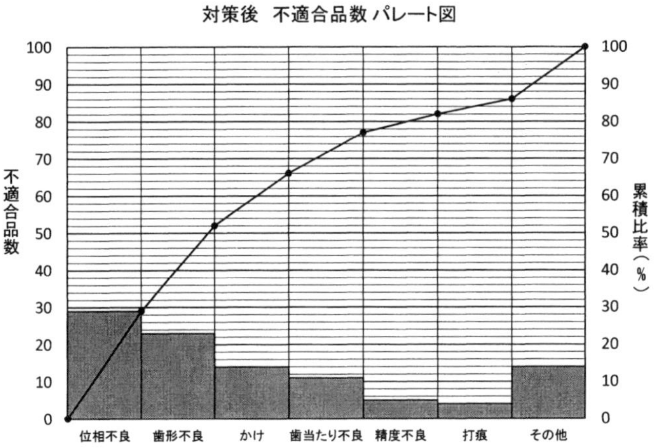

設問 3

D	F

※順不同

令和２年度　１級　実技試験（計画立案等作業試験）正解表
機械検査（機械検査作業）

[問題 1]

正　　解
1. 説明図

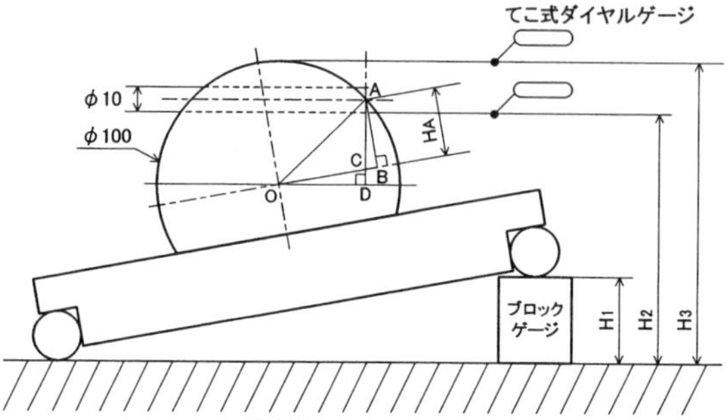

［図 1］

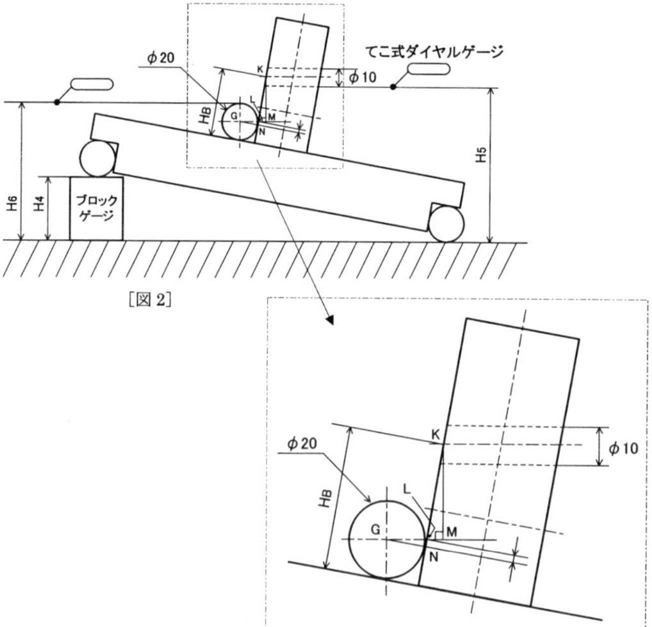

［図 2］

正　解
2. 段取り方法及び測定方法
(1)　精密定盤上にサインバーを載せ、サインバーの上に部品をA面が下になるように載せる。 (2)　直角定規を使用し、サインバーの側面と部品のB面が平行になるようにする。 (3)　図 1 のように部品の穴 A の最下部が精密定盤と平行になるようにブロックゲージとスタンド付きてこ式ダイヤルゲージを使用して調整し、このときのブロックゲージの高さを H_1 とする。精密定盤から穴 A の最下部までの高さ H_2 及び部品最上部までの高さ H_3 を、スタンド付きてこ式ダイヤルゲージを使用して求める。 (4)　精密定盤上にサインバーを載せ、サインバーの上に部品をA面が下に、外周面が手前に向くように載せる。 (5)　図 2 のように部品の穴 B の中心軸が精密定盤と平行になるように大まかにブロックゲージをローラの下に入れ、測定用ローラを部品とサインバーの接触部にセットし、スタンド付きてこ式ダイヤルゲージを使用して測定用ローラの両端の高さが同じになる様に部品の角度を調整し、サインバーと部品が平行になるようにする。 (6)　部品の穴 B の中心軸が精密定盤と平行になるようにブロックゲージとスタンド付きてこ式ダイヤルゲージを使用して調整し、このときのブロックゲージの高さを H_4 とする。 (7)　精密定盤から穴Bの最下部までの高さ H_5 をスタンド付きてこ式ダイヤルゲージを使用して求める。 (8)　精密定盤から測定用ローラの最上部までの高さ H_6 をスタンド付きてこ式ダイヤルゲージを使用して求める。

正　解

3. 計算式

(イ) 穴Aの中心軸の傾斜角度θを求める計算式

図1より

$\sin\theta = H_1 / 200$　・・・・・・・・・(1)

$\therefore \theta = \sin^{-1}(H_1 / 200)$

(ロ) 穴Aの中心軸の高さH_Aを求める計算式

図1より

△OADにおいて、

$\overline{OA} = 100/2 = 50$　・・・・・・・・・・・・・(2)

$\overline{AD} = 100/2 - (H_3 - H_2) + 10/2$

$= 55 - (H_3 - H_2)$　・・・・・・・・・・・(3)

$\overline{OD} = \sqrt{\overline{OA}^2 - \overline{AD}^2}$　・・・・・・・・・・・・(4)

△CODにおいて、

$\angle COD = \theta$

$\overline{CD} = \overline{OD} \times \tan\theta$　・・・・・・・・・・(5)

△ABCにおいて、

$\angle CAB = \theta$

$\overline{AC} = \overline{AD} - \overline{CD}$　・・・・・・・・・・・・・(6)

高さ$H_A = \overline{AB}$

$= \overline{AC} \times \cos\theta$　・・・・・・・・・・(7)

(7)式に(1)(2)(3)(4)(5)(6)を代入する。

$$H_A = \frac{(55 - (H_3 - H_2))\sqrt{200^2 - {H_1}^2}}{200} - \frac{H_1\sqrt{50^2 - (55 - (H_3 - H_2))^2}}{200}$$

・・・・・・・・・・(8)

(ハ) 穴Bの中心軸の傾斜角度βを求める計算式

図2より

$\sin\beta = H_4 / 200$ ・・・・・・・・・(9)

$\therefore \beta = \sin^{-1}(H_4 / 200)$

(ニ) 穴Bの中心軸の高さH_Bを求める計算式

△KLMにおいて、

$\overline{KM} = (H_5 + 10/2) - (H_6 - 20/2)$

$= H_5 - H_6 + 15$

$\angle LKM = \beta$

$\overline{KL} = \overline{KM} / \cos\beta$

$= (H_5 - H_6 + 15) / \cos\beta$ ・・・・・・・・(10)

△GLNにおいて、

$\angle LGN = \beta$

$\overline{LN} = \overline{GN} \times \tan\beta$

$= 10 \tan\beta$ ・・・・・・・・(11)

高さ $H_B = \overline{KL} + \overline{LN} + 20/2$ ・・・・・・・・・・(12)

(12)式に(9)(10)(11)(12)を代入する。

$$H_B = \frac{200(H_5 - H_6) + 10H_4 + 3000}{\sqrt{200^2 - {H_4}^2}} + 10$$

[問題 2]

正　　解

1. 説明図

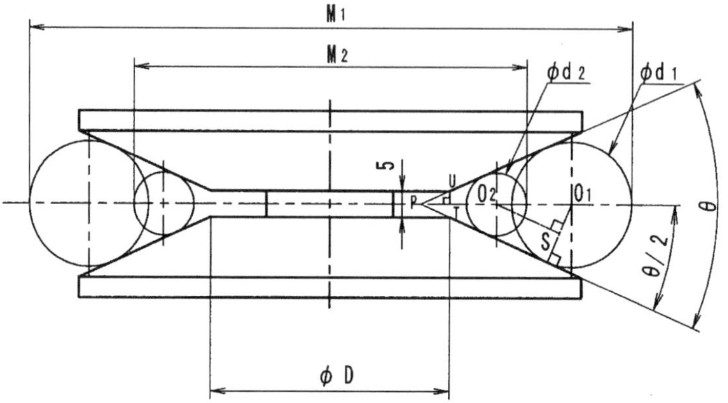

正　　解

2. 段取り方法及び測定方法

(1)　測定用ローラ(大)、(小)の外径を、外側マイクロメータで測定し、それぞれ、d_1、d_2とする。

(2)　図のように、測定用ローラ(大)2 個を A 面、B 面のなす角に挟み、その外側を外側マイクロメータにて測定を行い、その寸法を M_1 とする。
(※ローラの平行が維持されるように、部品の中心軸付近で測定する。)

(3)　同様に、測定用ローラ(小)での測定を行い、その寸法を M_2 とする。
(※ローラの平行が維持されるように、部品の中心軸付近で測定する。)

3. 計算式

(イ)角度 θ を求める計算式

図に示すように、測定用ローラ(大)の中心を O_1、測定用ローラ(小)の中心を O_2 とする。

図の $\triangle O_1SO_2$ において、

$$\overline{O_1O_2}=\frac{M_1-d_1}{2}-\frac{M_2-d_2}{2}$$

$$=\frac{1}{2}\{(M_1-d_1)-(M_2-d_2)\}\cdots\cdots\cdots(1)$$

$$\overline{O_1S}=\frac{d_1}{2}-\frac{d_2}{2}$$

$$=\frac{1}{2}(d_1-d_2)\cdots\cdots\cdots\cdots\cdots\cdots(2)$$

$$\sin\frac{\theta}{2}=\frac{\overline{O_1S}}{\overline{O_1O_2}}\cdots\cdots\cdots\cdots\cdots\cdots(3)$$

したがって、式(1)～(3)より、

$$\frac{\theta}{2}=\sin^{-1}\frac{\overline{O_1S}}{\overline{O_1O_2}}$$

$$=\sin^{-1}\frac{\frac{1}{2}(d_1-d_2)}{\frac{1}{2}\{(M_1-d_1)-(M_2-d_2)\}}$$

$$=\sin^{-1}\frac{d_1-d_2}{(M_1-d_1)-(M_2-d_2)}$$

ゆえに角度 θ は、

$$\theta=2\sin^{-1}\frac{d_1-d_2}{(M_1-d_1)-(M_2-d_2)}\cdots\cdots\cdots(4)$$

(ロ)交点径 ϕD の寸法を求める計算式

A 面と B 面を延長した交点を P とする。また、A 面と C 面の交点を U とし、U から中心線に垂線を下ろした時の交点を T とする。

$\triangle PUT$ において、

$$\tan\frac{\theta}{2}=\frac{2.5}{\overline{PT}}$$

$$\overline{PT}=\frac{2.5}{\tan\frac{\theta}{2}}\cdots\cdots\cdots\cdots\cdots\cdots(5)$$

$$\overline{PO_1}\sin\frac{\theta}{2}=\frac{d_1}{2}$$

$$\overline{PO_1}=\frac{d_1}{2\sin\frac{\theta}{2}}\cdots\cdots\cdots\cdots\cdots\cdots(6)$$

一方 ϕD は、次式で表される。

$$D=M_1-d_1-2(\overline{PO_1}-\overline{PT})\cdots\cdots\cdots(7)$$

したがって、式(7)に式(5)、(6)を代入すると、

$$D=M_1-d_1-2\left(\frac{d_1}{2\sin\frac{\theta}{2}}-\frac{2.5}{\tan\frac{\theta}{2}}\right)\cdots\cdots\cdots(8)$$

[問題 3]

正　解

設問 1

度数表

No	区間 (mm)			区間の中心値 X (mm)	度数チェック欄	度数 f
1	9.945	～	9.955	9.95		0
2	9.955	～	9.965	9.96	///	3
3	9.965	～	9.975	9.97	卌 //	7
4	9.975	～	9.985	9.98	卌 卌 //	12
5	9.985	～	9.995	9.99	////	4
6	9.995	～	10.005	10.00	///	3
7	10.005	～	10.015	10.01	/	1
8	10.015	～	10.025	10.02		0
9	10.025	～	10.035	10.03		0
10	10.035	～	10.045	10.04		0
11	10.045	～	10.055	10.05		0

※ 度数チェック欄は記入していなくてもよい。

設問 2

ヒストグラム

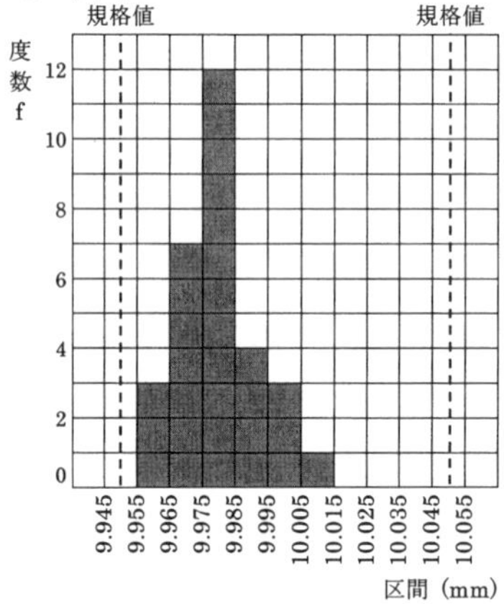

設問 3

C_p = 1.39

C_{pk} = 0.83

設問 4

ハ

令和元年度　1級　実技試験（計画立案等作業試験）正解表
機械検査（機械検査作業）

［問題 1］

正　解

1.説明図

［図 1］

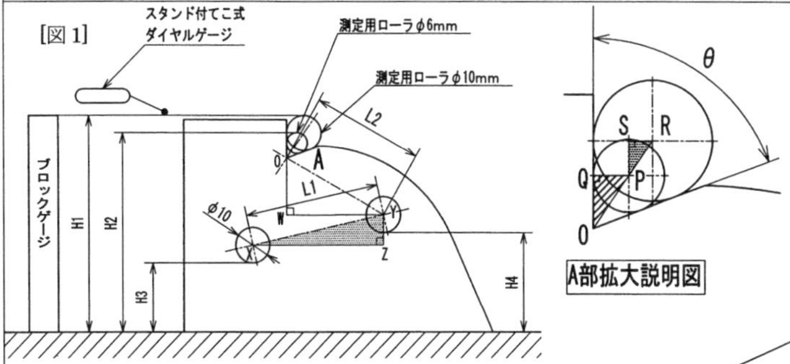

［図 2］

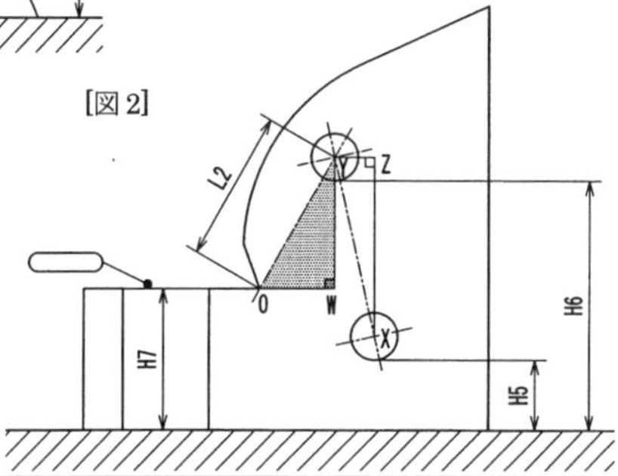

2.段取り方法及び測定方法

(1)定盤上に A 面を下にして部品を置く。

(2)測定用ローラ直径 10mm を D 面と E 面に接するようにセットして A 面からローラまでの高さをてこ式ダイヤルゲージとブロックゲージを使用して測定し、H1 とする。

(3) (2)と同様に、測定用ローラ直径 6mm をセットして、A 面からローラまでの高さを測定し、H2 とする。

(4)A 面から穴 X 及び穴 Y の最下部までの高さをてこ式ダイヤルゲージとブロックゲージを使用して測定し、それぞれ H3 及び H4 とする。

(5)定盤上に B 面を下にして部品を置く。

(6)B 面から穴 X 及び穴 Y の最下部までの高さをてこ式ダイヤルゲージとブロックゲージを使用して測定し、それぞれ H5 及び H6 とする。

(7) (6)と同様に、B 面から D 面までの高さを測定し、H7 とする。

正　解

3.計算式

(イ) 角度θを求める計算式

△RPSにおいて、

$\overline{RS}=2$ 、$\overline{PS}=(H1-5)-(H2-3)=H1-H2-2$

$\angle RPS=\dfrac{\theta}{2}$ となるため、

$$\tan\frac{\theta}{2}=\frac{2}{H1-H2-2}$$

よって、

$$\theta=2\tan^{-1}\left(\frac{2}{H1-H2-2}\right)\quad\cdots\cdots\cdots\cdots(1)$$

(ロ) 距離L1を求める計算式

△XYZにおいて、

$$L1=\overline{XY}=\sqrt{\overline{XZ}^2+\overline{YZ}^2}$$

$$=\sqrt{(H6-H5)^2+(H4-H3)^2}\quad\cdots\cdots\cdots\cdots(2)$$

(ハ) 距離L2を求める計算式

△OWYにおいて、

$$L2=\overline{OY}=\sqrt{\overline{WY}^2+\overline{OW}^2}\quad\cdots\cdots\cdots\cdots(3)$$

$$\overline{WY}=H6-H7+5\quad\cdots\cdots\cdots\cdots\cdots\cdots(4)$$

$$\overline{OW}=H2-3-\overline{OQ}-(H4+5)\quad\cdots\cdots\cdots\cdots(5)$$

△OPQにおいて、

$$\overline{OQ}=\frac{3}{\tan\frac{\theta}{2}}\quad\cdots\cdots\cdots\cdots\cdots\cdots\cdots\cdots(6)$$

式(3)に式(4)～(6)を代入する。

$$L2=\sqrt{(H6-H7+5)^2+\left(H2-H4-\frac{3}{\tan\frac{\theta}{2}}-8\right)^2}$$

[問題 2]

正　解

1.説明図

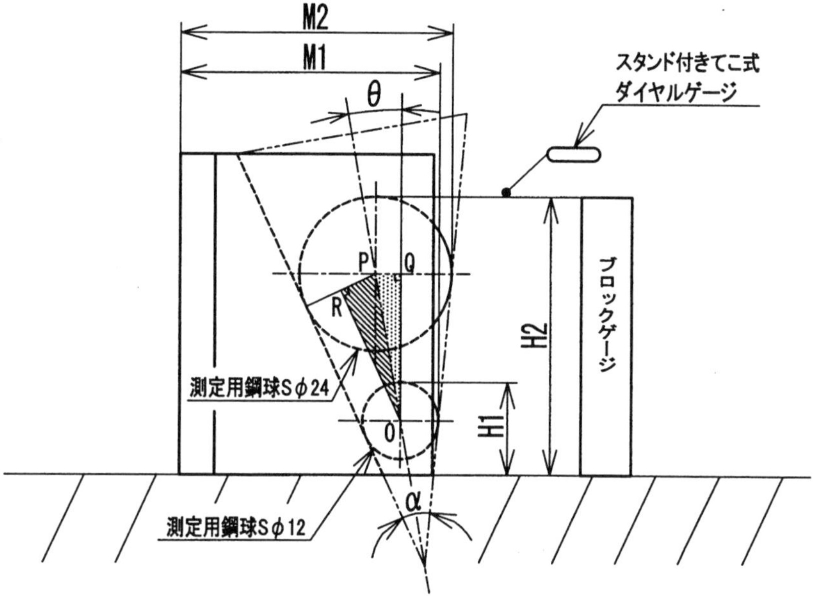

正　解

2.段取り方法及び測定方法

(1)定盤上にF面を下にして部品を置く。

(2)測定用鋼球球径 12mm を穴のテーパ面に接するようにセットしてF面から鋼球の最高点までの高さをてこ式ダイヤルゲージとブロックゲージを使用して測定し、H1とする。

(3) (2)と同様に、測定用鋼球球径 24mm をセットして、F面から鋼球の最高点までの高さを測定し、H2とする。

(4)測定用鋼球球径 12mm を穴のテーパ面に接するようにセットしてA面から鋼球までの長さを外側マイクロメータを使用して測定し、M1とする。

(5) (4)と同様に、測定用鋼球球径 24mm をセットして、A面から鋼球までの長さを測定し、M2とする。

3.計算式

（イ）角度θを求める計算式

△OPQにおいて、∠POQ＝θとなるため、

$$\tan\theta = \frac{\overline{PQ}}{\overline{OQ}} \cdots\cdots\cdots\cdots\cdots\cdots\cdots\cdots (1)$$

また、

$$\overline{PQ} = (M1-6)-(M2-12) = M1-M2+6 \cdots\cdots (2)$$

$$\overline{OQ} = (H2-12)-(H1-6) = H2-H1-6 \cdots\cdots (3)$$

よって、

$$\tan\theta = \frac{M1-M2+6}{H2-H1-6}$$

$$\theta = \tan^{-1}\left(\frac{M1-M2+6}{H2-H1-6}\right)$$

（ロ）角度αを求める計算式

△OPRにおいて、$\angle POR = \frac{\alpha}{2}$となるため、

$$\sin\frac{\alpha}{2} = \frac{\overline{PR}}{\overline{OP}} \cdots\cdots\cdots\cdots\cdots\cdots\cdots\cdots (4)$$

また、$\overline{PR} = \frac{24-12}{2} = 6 \cdots\cdots\cdots\cdots\cdots\cdots (5)$

△OPQにおいて、

$$\overline{OP} = \frac{\overline{PQ}}{\sin\theta} = \frac{M1-M2+6}{\sin\theta} \cdots\cdots\cdots\cdots (6)$$

よって、

$$\sin\frac{\alpha}{2} = \frac{6}{\dfrac{M1-M2+6}{\sin\theta}} = \frac{6\sin\theta}{M1-M2+6}$$

$$\alpha = 2\sin^{-1}\left(\frac{6\sin\theta}{M1-M2+6}\right)$$

※$\overline{OP}$をcosθから求めた場合

$$\overline{OP} = \frac{\overline{OQ}}{\cos\theta} = \frac{H2-H1-6}{\cos\theta}$$

$$\alpha = 2\sin^{-1}\left(\frac{6\cos\theta}{H2-H1-6}\right)$$

※$\overline{OP}$を三平方の定理から求めた場合

$$\overline{OP} = \sqrt{\overline{PQ}^2 + \overline{OQ}^2} = \sqrt{(M1-M2+6)^2 + (H2-H1-6)^2}$$

$$\alpha = 2\sin^{-1}\left(\frac{6}{\sqrt{(M1-M2+6)^2 + (H2-H1-6)^2}}\right)$$

[問題 3]

正　　解

設問 1

①	②	③	④	⑤	⑥	⑦
シ	オ	ケ	コ	ウ	エ	ク

設問 2

番号	区間間隔	度数チェック欄										度数計
1	57.45 ～ 58.15	／	／									2
2	58.15 ～ 58.85	／	／	／	／							4
3	58.85 ～ 59.55	／	／	／	／	／	／	／				7
4	59.55 ～ 60.25	／	／	／	／							4
5	60.25 ～ 60.95	／	／									2
6	60.95 ～ 61.65	／										1
計												20

設問 3

エ

平成30年度　1級　実技試験（計画立案等作業試験）正解表
機械検査（機械検査作業）

［問題1］

正　解

1.説明図

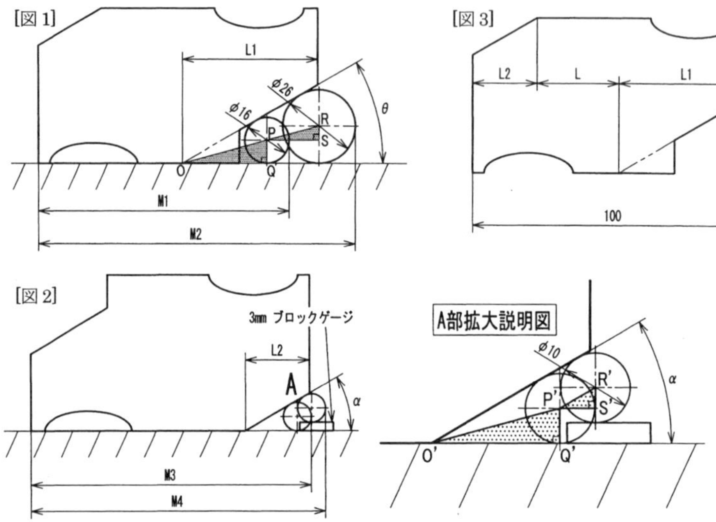

2.段取り方法及び測定方法

(1)　定盤上にA面を下にして部品を置く。

(2)　測定用ローラ直径16mmをE面と定盤に接するようにセットして、B面からローラまでの長さを外側マイクロメータで測定し、M1とする。

(3)　(2)と同様に、測定用ローラ直径26mmをセットして、B面からローラまでの長さを外側マイクロメータで測定し、M2とする。

(4)　定盤上にC面を下にして部品を置く。

(5)　測定用ローラ直径10mmをF面と定盤に接するようにセットして、D面からローラまでの長さを外側マイクロメータで測定し、M3とする。

(6)　図2に示すように、測定用ローラ直径10mmをF面と定盤上に置いたブロックゲージ3mmに接するようにセットして、D面からローラまでの長さを外側マイクロメータで測定し、M4とする。

正　解

3.計算式

(イ) 角度 θ を求める計算式

図 1 に示すように、△PRS において、

$\overline{RS}=5$ 、$\overline{PS}=(M2-13)-(M1-8)=M2-M1-5$

$\angle RPS=\dfrac{\theta}{2}$ となるため、

$$\tan\frac{\theta}{2}=\frac{5}{M2-M1-5}$$

よって、

$$\theta=2\tan^{-1}\left(\frac{5}{M2-M1-5}\right)\quad\cdots\cdots\cdots\cdots(1)$$

(ロ) 角度 α を求める計算式

図 2 に示すように、△P'R'S'において、

$\overline{R'S'}=3$ 、 $\overline{P'S'}=M4-M3$

$\angle R'P'S'=\alpha$ となるため、

$$\tan\alpha=\frac{3}{M4-M3}$$

よって、

$$\alpha=\tan^{-1}\left(\frac{3}{M4-M3}\right)\cdots\cdots\cdots\cdots\cdots(2)$$

(ハ) 距離 L を求める計算式

図 3 に示すように、$L=100-L1-L2\cdots\cdots\cdots(3)$

図 1 より、 $L1=100-\{M1-(\overline{OQ}+8)\}$

△OPQ において、 $\overline{OQ}=\dfrac{8}{\tan\dfrac{\theta}{2}}$

よって、 $$L1=100-\left\{M1-\left(\frac{8}{\tan\frac{\theta}{2}}+8\right)\right\}\cdots(4)$$

また、図 2 より、 $L2=100-\{M3-(\overline{O'Q'}+5)\}$

△O'P'Q'において、 $\overline{O'Q'}=\dfrac{5}{\tan\dfrac{\alpha}{2}}$

よって、 $$L2=100-\left\{M3-\left(\frac{5}{\tan\frac{\alpha}{2}}+5\right)\right\}\cdots(5)$$

式(3)に式(4)、式(5)を代入する。

$$L=\left\{M1-\left(\frac{8}{\tan\frac{\theta}{2}}+8\right)\right\}+\left\{M3-\left(\frac{5}{\tan\frac{\alpha}{2}}+5\right)\right\}-100$$

[問題 2]

正　解

1.説明図

[図 1]

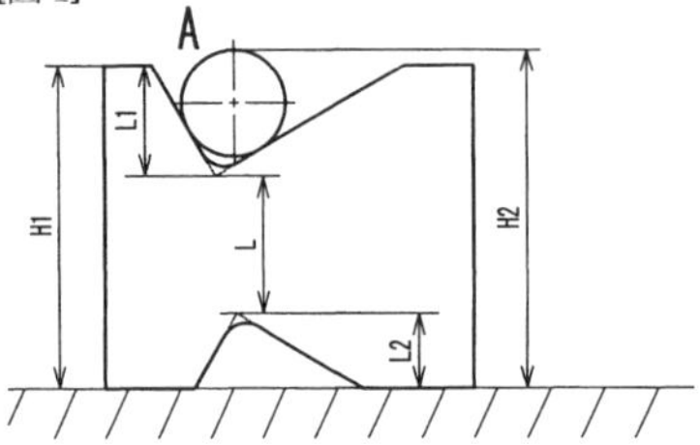

A部拡大説明図

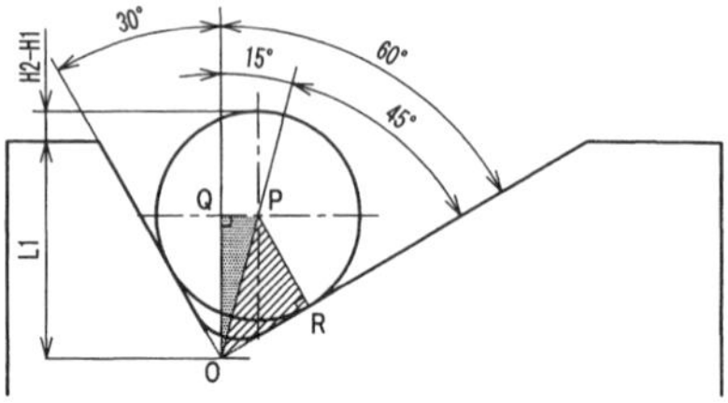

[図 2]

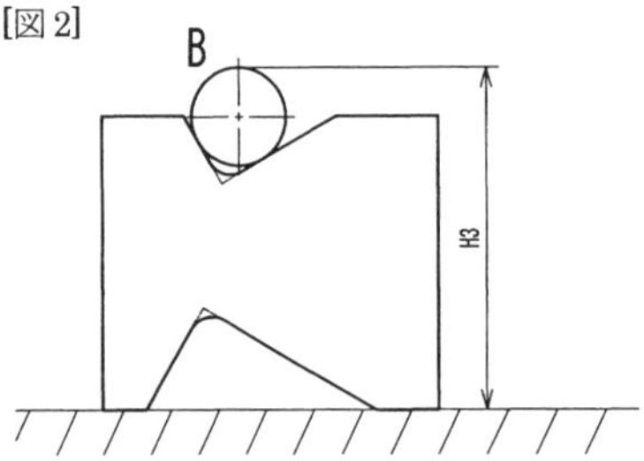

B部拡大説明図

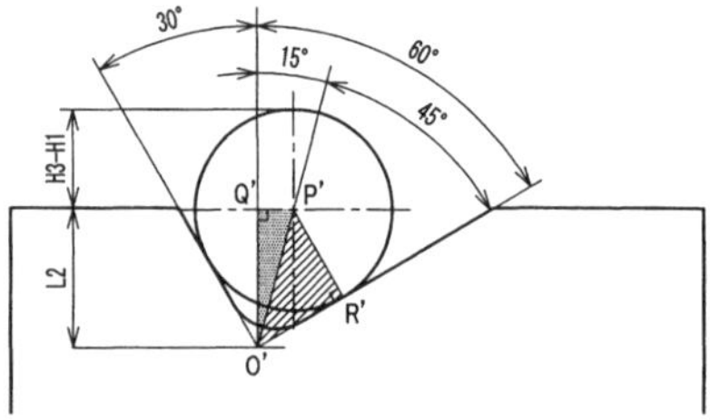

正　解

2.段取り方法及び測定方法

(1)　定盤上に部品の A 面又は D 面を下にして部品を置き、部品の AD 間の高さをハイトゲージで測定し、H1 とする。

(2)　定盤上に D 面を下にして部品を置く。

(3)　測定用ローラを B 面と C 面に接するようにセットして、測定用ローラの最高部をハイトゲージで測定し H2 とする。

(4)　定盤上に A 面を下にして部品を置く。

(5)　測定用ローラを E 面と F 面に接するようにセットして、測定用ローラの最高部をハイトゲージで測定し H3 とする。

3.計算式

距離Lを求める計算式

図1に示すように、

$L = H1 - L1 - L2$ ・・・・・・・・・・・・・・(1)

また、

$L1 = 10 + \overline{OQ} - (H2 - H1)$

△OPRにおいて、

$\overline{OP} = \dfrac{10}{\sin 45°} = 10\sqrt{2}$ ・・・・・・・・・・・・・・(2)

△OPQにおいて、

$\angle POQ = 60° - 45° = 15°$ より、

$\overline{OQ} = \overline{OP} \times \cos 15° = 10\sqrt{2} \times \cos 15°$ ・・・・・・(3)

よって、

$L1 = 10 + (10\sqrt{2} \times \cos 15°) - (H2 - H1)$ ・・・・・(4)

同様に図2より、

$L2 = 10 + \overline{O'Q'} - (H3 - H1)$

△O'P'R'において、

$\overline{O'P'} = \dfrac{10}{\sin 45°} = 10\sqrt{2}$ ・・・・・・・・・・・・・(5)

△O'P'Q'において、

$\overline{O'Q'} = \overline{O'P'} \times \cos 15° = 10\sqrt{2} \times \cos 15°$ ・・・・・(6)

よって、

$L2 = 10 + (10\sqrt{2} \times \cos 15°) - (H3 - H1)$ ・・・・・(7)

式(1)に式(4)、式(7)を代入する。

$$L = H1 - \left\{10 + (10\sqrt{2} \times \cos 15°) - (H2 - H1)\right\} - \left\{10 + (10\sqrt{2} \times \cos 15°) - (H3 - H1)\right\}$$

$= H2 + H3 - H1 - 20 - 20\sqrt{2} \times \cos 15°$ ・・・・(8)

※cos15°を計算した場合

$= H2 + H3 - H1 - 30 - 10\sqrt{3}$

［問題 3］

正　解

設問 1

(1)	(2)	(3)	(4)	(5)
20.001	20.050	19.953	0.084	0.178

設問 2

$\overline{X}$ 管理図

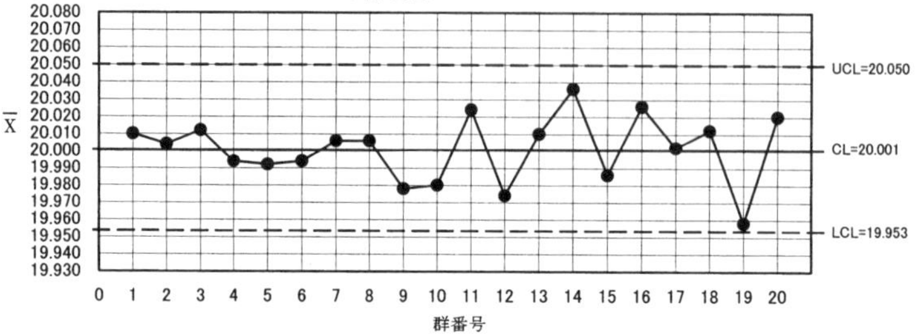

R 管理図

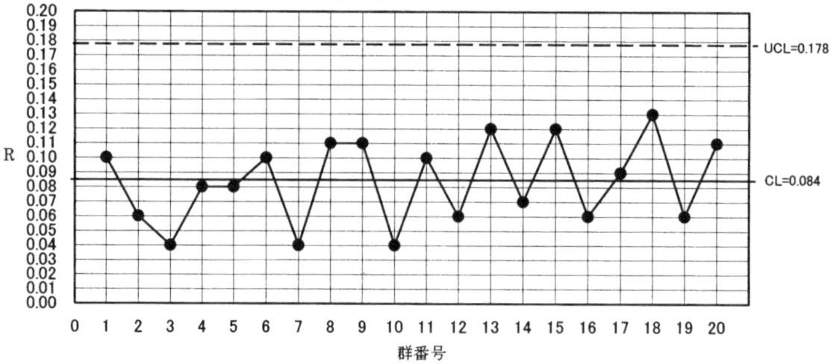

令和２年度　２級　学科試験正解表
機械検査（機械検査作業）

真偽法

番号	1	2	3	4	5
正解	×	×	○	×	×

番号	6	7	8	9	10
正解	○	×	×	○	○

番号	11	12	13	14	15
正解	○	×	○	×	○

番号	16	17	18	19	20
正解	○	×	○	○	○

番号	21	22	23	24	25
正解	×	×	○	○	×

択一法

番号	1	2	3	4	5
正解	ロ	イ	イ	イ	ロ

番号	6	7	8	9	10
正解	ハ	ロ	ロ	ニ	ロ

番号	11	12	13	14	15
正解	ロ	ニ	ニ	イ	イ

番号	16	17	18	19	20
正解	ニ	ロ	ハ	イ	イ

番号	21	22	23	24	25
正解	ハ	ロ	ハ	ハ	ニ

令和元年度　２級　学科試験正解表
機械検査（機械検査作業）

真偽法

番号	1	2	3	4	5
正解	○	×	○	×	○

番号	6	7	8	9	10
正解	○	×	×	○	○

番号	11	12	13	14	15
正解	×	×	○	×	×

番号	16	17	18	19	20
正解	○	×	○	○	×

番号	21	22	23	24	25
正解	×	×	○	○	×

択一法

番号	1	2	3	4	5
正解	イ	ロ	ハ	ロ	ハ

番号	6	7	8	9	10
正解	ロ	イ	ロ	ロ	イ

番号	11	12	13	14	15
正解	ロ	ロ	イ	ニ	ロ

番号	16	17	18	19	20
正解	ハ	ロ	ロ	ロ	イ

番号	21	22	23	24	25
正解	ハ	ハ	ハ	ロ	ロ

平成 30 年度　2級　学科試験正解表
機械検査（機械検査作業）

真偽法

番号	1	2	3	4	5
正解	○	○	×	○	○

番号	6	7	8	9	10
正解	○	×	×	×	○

番号	11	12	13	14	15
正解	×	○	○	×	×

番号	16	17	18	19	20
正解	○	○	×	○	○

番号	21	22	23	24	25
正解	×	○	×	×	○

択一法

番号	1	2	3	4	5
正解	ロ	イ	ニ	ロ	ハ

番号	6	7	8	9	10
正解	イ	ハ	ロ	ニ	イ

番号	11	12	13	14	15
正解	ニ	ニ	ハ	イ	ハ

番号	16	17	18	19	20
正解	ロ	ロ	ロ	ロ	ロ

番号	21	22	23	24	25
正解	ニ	ハ	ロ	ハ	ニ

令和2年度　1級　学科試験正解表
機械検査（機械検査作業）

真偽法

番号	1	2	3	4	5
正解	×	×	×	○	○

番号	6	7	8	9	10
正解	○	×	○	○	×

番号	11	12	13	14	15
正解	×	×	○	○	○

番号	16	17	18	19	20
正解	○	×	○	○	×

番号	21	22	23	24	25
正解	○	×	○	○	○

択一法

番号	1	2	3	4	5
正解	イ	ロ	ロ	ハ	ニ

番号	6	7	8	9	10
正解	ロ	ハ	イ	ハ	ハ

番号	11	12	13	14	15
正解	ニ	ロ	ハ	ニ	ニ

番号	16	17	18	19	20
正解	イ	ニ	ロ	ハ	ハ

番号	21	22	23	24	25
正解	イ	ロ	イ	イ	ニ

令和元年度　1級　学科試験正解表
機械検査（機械検査作業）

真偽法

番号	1	2	3	4	5
正解	○	×	×	×	×

番号	6	7	8	9	10
正解	○	×	×	○	○

番号	11	12	13	14	15
正解	○	×	×	○	○

番号	16	17	18	19	20
正解	○	○	×	×	×

番号	21	22	23	24	25
正解	○	×	○	×	×

択一法

番号	1	2	3	4	5
正解	ハ	ロ	ニ	イ	ニ

番号	6	7	8	9	10
正解	ニ	イ	ハ	ハ	ハ

番号	11	12	13	14	15
正解	ハ	ハ	イ	ハ	イ

番号	16	17	18	19	20
正解	ハ	ハ	ハ	イ	イ

番号	21	22	23	24	25
正解	ニ	ロ	ニ	ロ	ハ

平成30年度　1級　学科試験正解表
機械検査（機械検査作業）

真偽法

番号	1	2	3	4	5
正解	○	○	×	×	○

番号	6	7	8	9	10
正解	○	○	×	×	×

番号	11	12	13	14	15
正解	×	×	×	×	×

番号	16	17	18	19	20
正解	○	○	○	×	×

番号	21	22	23	24	25
正解	○	×	○	○	○

択一法

番号	1	2	3	4	5
正解	イ	ロ	ハ	ハ	ロ

番号	6	7	8	9	10
正解	ニ	ロ	ハ	ニ	ロ

番号	11	12	13	14	15
正解	ロ	イ	ニ	ハ	イ

番号	16	17	18	19	20
正解	イ	ニ	ニ	ハ	ロ

番号	21	22	23	24	25
正解	ロ	ロ	イ	ロ	ニ

・本書掲載の試験問題及び解答の内容についてのお問い合わせ等には、一切応じられませんのでご了承ください。
・試験問題について、都合により一部、編集しているものがあります。

平成30・令和元・2年度
1・2級 技能検定　試験問題集　79　機械検査

令和3年8月　初版発行

監　修　中央職業能力開発協会
発　行　一般社団法人 雇用問題研究会
〒103-0002　東京都中央区日本橋馬喰町1-14-5 日本橋Kビル2階
TEL　03-5651-7071(代)　FAX　03-5651-7077
URL　http://www.koyoerc.or.jp
印　刷　株式会社ワイズ
223079

ISBN978-4-87563-678-6 C3000